Rolf Breiner

Leben und Arbeiten in der Schweiz

Trauminsel in Europa

GD

Deutsche Bibliothek – CIP-Einheitsaufnahme

Rolf Breiner
Leben und Arbeiten in der Schweiz | Trauminsel in Europa

ISBN 978-3-939338-21-5

erschienen im
GD-Verlag | Gentlemen's Digest, Berlin
1. Auflage 2007

Druck und Bindung: Hohnholt Reprografischer Betrieb GmbH
Bremen

Dieses Buch ist erhältlich in jeder Buchhandlung oder
direkt über den Verlag im Internet: www.gdigest.com

Inhalt

VORWORT

24.700 Deutsche sind im vergangenen Jahr in die Schweiz «gezügelt» (umgezogen). Das entspricht der Einwohnerzahl der Stadt Zug oder Lindau am Bodensee. Ein Rekord. Diese Einwanderungswelle schreckte freilich manche Eidgenossen auf. Wieder geistert der Begriff Überfremdung durch die Lande, werden Emotionen gegen Ausländer geschürt und Diskussionen über die Invasion der «Schwaben» geführt:

Wie viele Deutsche verträgt die Schweiz?

Die Umfrage einer Schweizer Boulevardzeitung Anfang des Jahres 2007 brachte es an den Tag: 66% der Leser waren der Meinung, dass es zu viele Deutsche in der Schweiz gäbe. Das ließ sogar in Deutschland aufhorchen. Haben die Eidgenossen ein Deutschen-Syndrom?

Gleichwohl, das Postkartenland zwischen Bodensee und Lac Léman, Vierwaldstättersee und Lago Maggiore war 2006 der Deutschen liebstes Auswanderungsland – vor Amerika. Doch wer glaubt, die Schweiz wäre irgendwie so ähnlich wie Deutschland, ist völlig falsch gewickelt. Man versteht zwar Deutsch zwischen Basel, Bern und Zürich, aber Deutsche verstehen anfangs nur Bahnhof, wenn Schwyzerdütsch gesprochen wird. "Grüezi mitenand!" oder «Hoi» tönt's unter Eidgenossen von St. Gallen über Schaffhausen bis Zug und Chur. Doch nicht nur die verschiedenen Dialekte von der Ostschweiz, vom Basel- und Bernbiet über Zürich bis ins Wallis und Graubünden klingen (außer für alemannische oder badische Ohren) fremd, auch Verordnungen und Ordnungen, Reglements und Gesetze haben in Helvetia ihre Eigenheiten.

Die Schweiz sei ein Paradies, finden die „schweizwilligen“ Auswanderer aus dem deutschen Sprachbereich – und wundern sich. Cherubine stehen vor dem Paradies Schweiz und fordern einiges ab. Denn die eigenwillige, manche sagen eigensinnige, frankenorientierte Insel in Europa hat ihre Macken. Die helvetische Republik pflegt eigenen Sitten und Gewohnheiten, kennt vor allem eigene Gesetze, Behörden und Formulare...

Ich helfe Ihnen beim Marsch durch die Behörden, lade Sie ein, die Schweiz näher kennen zu lernen und heimisch zu werden. Ich vermittle erste Informationen über das, was Sie wissen müssen und sollten, wenn Sie sich in der Schweiz niederlassen und wohl fühlen wollen. Denn das tun dann fast alle aus dem “großen Kanton”.

Rolf Breiner

1. KAPITEL

QUO VADIS?
DER WEG IN DIE SCHWEIZ

Viele Wege führen nach Rom. Und viele Wege weisen in die Schweiz. Dank des Freizügigkeitsabkommens mit der EU ist es leichter geworden, sich in der Schweiz als EU-Mitglied einen Arbeitsplatz zu sich sichern und sich niederzulassen. Das ist aber noch längst keine grenzenlose Einladung in die Schweiz.

Grenzüberschreitungen

Die Eidgenossenschaft ist nicht dem europäischen Verbund angeschlossen, hat (noch) keine offenen Grenzen und unterhält ein ansehnliches Zöllnerkorps. Hier werden Ausländern die Grenzen aufgezeigt. Touristen sind gern gesehen, haben aber keinen Freifahrschein – weder zu Lande, im Wasser (Bodensee!) oder in der Luft. Die Zollbedingungen sind streng und unnachgiebig. Safety First speziell im Flugreiseverkehr! Das bekommt jeder Transitpassagier am Flughafen Kloten zu spüren.

Genaue Bestimmungen sind beim Bundesamt für Zivilluftfahrt BAZL erhältlich:

http://www.ch.ch oder über
http://www.aviation.admin

HINWEIS

Die Telefonvorwahl für die Schweiz ist 0041... dann folgt die entsprechende Nummer (ohne 0 für die jeweilige Stadt). Telefoniert man innerhalb der Schweiz, lässt man die Ländervorwahl 0041 weg und beginnt mit...

031... für Bern
061... für Basel
043... oder 044... für Zürich. Die alte Vorwahl 01 für Zürich und den Kanton Zürich wurde ersetzt.

Reiseverkehr

Unkomplizierter geht's beim Reiseverkehr zu Lande zu. Abgabefrei sind hier beispielsweise...

- 200 Zigaretten, 50 Zigarren
- alkoholische Getränke (2 Liter bis 15 Prozent pro Person und bis zu einem Liter über 15 Prozent pro Person)
- Gemüse und Früchte bis 20 Kilogramm
- Fleisch und Wurstwaren bis 3 Pfund

Nahrungsmittel für den privaten Gebrauch sind abgabefrei bis zu einem Wert von 300 Franken (ca. 200 Euro). Grundsätzlich gelten für den kleinen Grenzverkehr und für den Reiseverkehr unterschiedliche Zollvorschriften.

Touristen aus Deutschland, die **keine regelmäßige Erwerbstätigkeit** ausüben, können sich drei Monate in der Schweiz aufhalten – ohne spezielle Bewilligung. Danach muss der Eingereiste ausreisen und darf sich nach einem Monat Pause wieder zwischen Zürichsee und Genfersee gütlich tun – insgesamt allerdings nur sechs Monate in einem Jahr.

Oder man geht den **Weg der Arbeit**, meldet sich bei der Wohnortgemeinde und beantragt eine Aufenthaltsbewilligung.

Freizügigkeit, Migration

Seit dem 01. Juni 2002 ist das Abkommen über den freien Personenverkehr zwischen der Schweiz und der Europäischen Gemeinschaft in Kraft. Demzufolge macht die Migrationspolitik der Schweiz einen klaren Schnitt. Angehörigen von EU- und EFTA-Staaten werden Einreise und Aufenthalt wesentlich erleichtert. Das sogenannte „Freizügigkeitsabkommen“ gestattet den EU-/EFTA-Angehörigen, ohne weiteres in die Schweiz einzureisen und sich aufzuhalten (bis zu drei Monate). Für einen Aufenthalt, der sich bei der Stellensuche verlängert, muss eine Kurzaufenthaltsbewilligung eingeholt werden. Die Aufenthaltsbewilligung ist das A und O (sie wird im Kapitel Aufenthaltsbewilligungen besonders behandelt). Für Antragstellung und Bewilligung ist die jeweilige Migrationsbehörde des Kantons (Wohnsitz) zuständig.

Auskünfte zum Fragenkomplex „Migration“ erteilt das Bundesamt für Migration (BFM) und das Integrationsbüro EDA/EVD in Bern. Sie haben auch die Broschüre «EU-Bürgerinnen und -Bürger in der Schweiz» herausgegeben:

BFM
Quellenweg 6
3003 Bern-Wabern
Tel. 0041 (0)31 325 1111
http://www.bfm.admin.ch

HINWEIS

Das “Franken-Reich”[1]

1 Franken (kurz: SFr.) hat 100 Rappen.
Es gibt Münzen zu 1, 5, 10 und 50 Rappen,
dazu 1-Franken, 2-Franken und 5-Frankenstück (Fünfliber),
Noten zu 10 Franken, 20 Franken, 100 Franken, 200 Franken
und 1000 Franken.

500 SFr. kosten 300 Euro	100 Euro	=	170 SFr.
100 SFr. also ca. 60 Euro	1 Euro	=	1,70 SFr.
	1 SFr.	=	ca. 60 Cent

Kleiner Grenzverkehr

Für Grenzgänger und Grenzbewohner ist eine erleichterte Zollabfertigung in Kraft. Um die Formalitäten zu vereinfachen, geben Zollämter eine grüne Sichtdeklaration heraus. Mit dieser Plakette erklärt der Inhaber, dass er gültige Grenzübertrittspapiere (Ausweis, Pass) dabei hat und Waren nur im erlaubten Rahmen mitführt. Apropos Plakette, wer Schweizer Autobahnen benutzen will, muss im Besitz einer Autobahnvignette (40 SFr.) sein, die ein Jahr (Kalenderjahr) gültig ist und sichtbar an der Windschutzscheibe kleben muss.

info@grenzgaenger.de
freiburg@grenzgaenger.de

[1] Stand Mai 2007

Zusicherung

Vor einer Übersiedlung müssen diverse Bedingungen erfüllt sein; Stichwort: Zusicherung. Gemäss eines Erlasses der Schweizerischen Eidgenossenschaft können **ausländische Arbeitskräfte**, die von der Visumspflicht befreit sind, nur dann zum Stellenantritt in die Schweiz einreisen, wenn sie eine Zusicherung der Arbeitsbewilligung besitzen. Diese muss vom Arbeitgeber oder von der Arbeitgeberin beim kantonalen Departement für Volkswirtschaft und Inneres (Migrationsamt) eingeholt werden. Die **Grundvoraussetzungen** dafür sind:

- keine Einreisesperre
- keine Ausweisverfügung
- ein gültiger Pass
- Abmeldebescheinigung des früheren Einwohnermeldeamts
- genügend finanzielle Mittel, um den Aufenthalt in der Schweiz zu sichern.

Bürger aus Ländern der **Europäischen Gemeinschaft oder EFTA-Gemeinschaft** werden von dieser Verpflichtung ausgenommen. Es gilt der freie Personenverkehr (siehe Kapitel Freizügigkeit).

Wohnsitz

Merke: Wer in der Schweiz „kurt“ (sich also auskuriert und eine Kur absolviert), wer studiert und Urlaub macht, hat noch keinen Wohnsitz! Das schweizerische Zivilgesetzbuch definiert „Wohnsitz“ folgendermaßen: *„Es ist der Ort, an dem sich ein Person dauerhaft aufhält.“*

Das bedeutet aber auch, dass es nur einen Wohnsitz, also keinen zweiten, gibt. Man kann natürlich auch eine Wohnung mieten, ohne in der Schweiz zu arbeiten. Eine Anmeldung tut gleichwohl Not, egal ob Touristenort oder ganz normal in Zürich.

CHECKLISTE - DIE WICHTIGSTEN SCHRITTE

Bei Wohnsitznahme und Arbeitsaufnahme in der Schweiz sind folgende wichtige Punkte zu beachten bzw. durchzuführen - natürlich schon Wochen oder Monate vor einer möglichen Einreise in die Schweiz:

- Persönliche Ziele definieren, sich über Perspektiven/Karriere klar werden
- Arbeitsstelle, Arbeitgeber suchen
- Arbeitsvertrag aushandeln
- Informationen über Land und Leute, wirtschaftliche Möglichkeiten und Bedingungen (Ausbildung, Sprachkenntnisse), Formalitäten und mögliche Probleme sammeln
- Passfotos, Führungszeugnisse bereitstellen
- Aufenthaltsbewilligung einholen und beantragen
- Wohnung suchen, Miet- oder Kaufvertrag abschließen
- Neue Krankenversicherung abschließen
- Bankkonto einrichten
- Anmeldung in der Wohngemeinde
- Umzugs- oder Übersiedlungsgut transportieren sowie
- Auto einführen und ummelden
- Führerschein in der Schweiz umschreiben lassen
- Kfz-Versicherung in der Schweiz abschließen
- Versicherungen überprüfen (Pensionskasse, Haushalt etc.)

Übersiedlung und Umzug

Den praktischen Akt der Übersiedlung bestimmt jeder nach eigener Façon. Manche beauftragen eine Firma mit dem Umzug, andere bringen ihre Habe stückweise im Privatwagen über die Grenze. Das so genannte „Übersiedlungsgut" ist zollfrei. Das sind Waren und Güter, die zur eigenen Benutzung bestimmt sind, Möbel, Bücher, Kleidung, Wäsche etc. Sie dürfen freilich nicht fabrikneu sein, sondern müssen Gebrauchsspuren aufweisen. Schwierig wird es, wenn kürzlich Restaurierungen, Lackierungen oder Ähnliches vorgenommen wurden.

Werden Teile des Übersiedlungsgutes als solches nicht akzeptiert, ist gegebenenfalls Zoll zu entrichten. Aber Zöllner sind auch nur Menschen und großzügig, wenn kein Missbrauch getrieben wird.

Achtung: Die **Zollbefreiung ist zeitlich befristet** und nur ein halbes Jahr gültig. Nur in berechtigten Ausnahmefällen kann eine Verlängerung genehmigt werden.

Übrigens: In der Schweiz sind Küche und Bad in Mietwohnungen komplett eingerichtet. Es ist üblich, eine Kaution von ein bis drei Monatsmieten zu hinterlegen. Das Geld wird normalerweise auf einem Konto angelegt, bis der Mieter auszieht.

TIPP | ZÜGELN

Umzugsfirmen gibt es zuhauf. Aber die Frage ist: gewusst wie und überhaupt. In dieser Situation bietet das Immobilienportal homegate.ch professionelle Unterstützung. Man kann sich schlau machen - nicht nur was Mietprojekte in der ganzen Schweiz, sondern auch was stressloses Zügeln (Umziehen) angeht. Homegate stellt einen Umzugsplaner zur Verfügung. Das heißt: Man kann sich durch den ganzen Umzugsprozess begleiten und führen lassen. Service total: Von praktischen Umzugskisten und Checklisten bis zu Tipps und Tricks von Profis. Per E-Mails sind Sie dabei. http://www.homegate.ch

Grenzgänger und Aufenthalter

Ottmar Hitzfeld, Fußballer, Wundertrainer (Borussia Dortmund, Bayern München zum zweiten) war seinerzeit ein Grenzgänger. Er wohnte in Lörrach und arbeitete (spielte) beim FC Basel (1970-73). Er hat auch jetzt noch einen Wohnsitz in Engelberg. Der Begriff „**Grenzgänger**“ meint also einen Arbeitnehmer oder Selbständigen, der beispielsweise im deutschen Grenzgebiet wohnen kann (aber nicht muss) und in der Schweiz arbeitet. Die Definition Grenzgänger hat freilich verschiedene Seiten:

- Er/sie muss beispielsweise im Rahmen des Doppelsteuerabkommens Schweiz – Deutschland nicht jede Woche an seinen Wohnort zurückkehren.
- Auch muss er/sie im Sinne des Sozialversicherungsgesetzes nicht in den Grenzzonen wohnen und in Schweizer Grenzzonen arbeiten. Er kann also z.B. in Frankfurt/Main wohnen und in Lausanne arbeiten.
- Der Grenzgänger benötigt keine Aufenthaltserlaubnis. Ihm wird eine Sonderbescheinigung für fünf Jahre ausgestellt, die so genannte G-Bewilligung.[2]

[2] Siehe auch Abschnitt "Aufenthaltsbewilligungen".

Als **Aufenthalter** gelten in der Schweiz diejenigen, welche nicht die Schweizer Staatsangehörigkeit besitzen, aber in der Schweiz arbeiten. Die "Umwandlung" eines Grenzgängers in einen Aufenthalter ist durchaus möglich. Der Grenzgänger kann über seinen Arbeitgeber eine Aufenthaltsbewilligung B beantragen.

Für **Schüler oder Studenten**, die täglich die Grenze passieren, ist keine Bewilligung nötig. Studierenden wird eine Aufenthaltserlaubnis für die Dauer ihrer Ausbildung problemlos erteilt, soweit sie/er für sich (und gegebenenfalls für die Familie) finanziell sorgen kann und keine Sozialhilfe beansprucht.

Auskünfte:

info@grenzgaenger.de oder bei der

Grenzgänger-Agentur
Belchenstr. 26
79539 Lörrach
Tel. 07621 – 169 30 00
http://www.grenzgenger-agentur.de

Aufenthaltsbewilligungen

Grundsätzlich gilt: Berufstätige aus EU-Bürger benötigen für die Schweiz keine Arbeitsbewilligung mehr, sondern nur noch eine Aufenthaltsbewilligung, die vor der Einreise via Internet beantragt werden kann. Der Antrag an die kantonale Behörde wird ans Migrationsamt weitergeleitet.

- **Kurzaufenthaltsbewilligung (Ausweis L, violett)**
  Der Arbeitsvertrag ist maßgebend, was die Geltungsdauer betrifft. In der Regel wird die Kurzaufenthaltsbewilligung für weniger als ein Jahr erteilt, eine Verlängerung oder Erneuerung ist möglich. Die geographische und berufliche Mobilität ist beschränkt. Familienangehörige können nachziehen.

- **Daueraufenthaltsbewilligung (Ausweis B, grau)**
  Sie wird in erster Linie für Arbeitnehmer (Jahresaufenthalter) ausgestellt, die einen unbefristeten oder 1jährigen Arbeitsvertrag besitzen. Auch Rentner oder Studenten können sie erhalten. Geografische und berufliche Mobilität sowie der Nachzug von Familienangehörigen sind gesichert. Selbständig-erwerbende erhalten für die Einrichtungsperiode eine Bewilligung von 6 bis 8 Monaten, die dann auf 5 Jahre erweitert werden kann.

- **Niederlassungsbewilligung (Ausweis C, grün)**
  Sie ist unbeschränkt. EU-Staatsangehörige erhalten sie nach einem regulären und ununterbrochenen Aufenthalt in der Schweiz von 5 Jahren. Keinerlei Arbeitsbeschränkungen. De facto sind diese Personen den Schweizern gleichgestellt, sieht man einmal von der Militärpflicht, dem Wahl- und Stimmrecht ab.

Stagiaires (Praktikanten): Die Bewilligung für Stagiaires ist maximal 18 Monate gültig. Sie wird an Personen zwischen 18 und 30 Jahren erteilt – hinsichtlich einer beruflichen oder sprachlichen Ausbildung in der Schweiz.

- **Grenzgängerbewilligung (Ausweis G, braun)**
  Diese Sonderbescheinigung wird beschäftigten und selbständigen Grenzgängern erteilt.

- **Asylsuchende (Ausweis N, dunkelblau)**
  Dieser Ausweis für Asylsuchende wird von den Kantonalbehörden ausgestellt, gestützt auf den Entscheid (Entscheidung) des Bundesamtes für Migration.

- **Angehörige (Ausweis Ci, rot)**
  Dieses Dokument wird erwerbstätigen Ehepartnern und Kindern ausländischer Vertretungen (Diplomatisches Korps) oder intergouvernementaler Organisationen (IO) ausgehändigt.

- **Schutzbedürftige (Ausweis S, hellblau)**
  Ausgestellt vom Kanton aufgrund des Entscheids des Bundesamtes für Migration.

Rentnern wird ohne Weiteres eine Aufenthaltsbewilligung erteilt, wenn sie genügend finanzielle Mittel vorweisen können und ausreichend im Fall von Unfall oder Krankheit versichert sind.

Studenten erhalten eine Aufenthaltsbewilligung für ein Jahr respektive für die Dauer ihrer Ausbildung. Bei einem Aufenthalt, der über drei Monate hinaus geht, besteht grundsätzlich eine Krankenversicherungspflicht bei einer schweizerischen Krankenkasse.

Der **Antrag etwa für die Aufenthaltsbewilligung B** kann vom Arbeitgeber und vom Einwanderer selbst gestellt werden. Jede Aufenthaltsbewilligung/Ausländerausweis muss mit einem Passfoto des Inhabers versehen sein. Das Meldeverfahren für Dienstleistungserbringer, Kurzaufenthalter und Selbständige dauert bis 90

Tage. Die vereinfachte Meldepflicht bedeutet, dass man nur noch bei der Meldebehörde vorstellig werden muss und keine weiteren Bewilligungen nötig sind.

Achtung: Arbeiten im **Bau-, Gast-, Reinigungs- und Sicherheitsgewerbe** sind ab dem ersten Arbeitstag meldepflichtig; für alle anderen Branchen muss der Meldepflicht spätestens nach dem achten Arbeitstag nachgekommen werden.

Der Antrag auf Aufenthaltsbewilligung kann **elektronisch oder per Post** eingereicht werden. Das Antragsformular für den Kanton Zürich ist beispielsweise erhältlich beim:

Amt für Wirtschaft und Arbeit
Arbeitsbewilligungen
Walchestr. 19
8090 Zürich

Öffnungszeiten:	8.30-11.30 und 13.30-16.00 Uhr
Tel.	0041 - 43 259 26 63 und 43 259 4949
Web:	http://www.arbeitsbewilligungen.zh.ch[3]

Ausländerausweise

Merke: Keine Schweiz ohne Regel, heißt ohne Bewilligung, Stempel und Kommission (sprich: Franken). Die Gebühren richten sich je nach Arbeitsbewilligung und Herkunft des Antragstellers. Sie können zwischen 100 und 600 Franken für Arbeitsbewilligungen betragen und müssen vom Arbeitgeber bezahlt werden. EU-Bürger sind davon ausgenommen. Die Höhe der Kosten für die Aufenthaltsbewilligung (Ausländerausweis) ist Sache des Kantons.

[3] „e-workpermits“

Zusammenfassung: Der Ausländerausweis spiegelt also den Status der Aufenthaltsbewilligung wieder und gilt nur für den Kanton, der sie ausgestellt hat. Davon gibt's eine bunte Palette, wie vorgängig beschrieben. Begehrtes Ziel ist Ausweis C (grün), er steht für Niederlassung und muss nach fünf Jahren verlängert werden. Stellenwechsel, Berufswechsel oder Kantonswechsel sind möglich.

Mobilität

Der Kanton stellt die Aufenthaltsbewilligungen aus, sie gelten für das jeweilige Kantonsgebiet. Man kann/darf nicht in mehreren Kantonen eine Bewilligung besitzen. Es ist Ausländern durchaus gestattet, sich in anderen Kantonen aufzuhalten. Wenn jedoch ein Arbeitsplatzwechsel stattfindet (Dauer über acht Tage hinaus), muss das Einverständnis des betroffenen Kantons eingeholt werden. Jahres- und Kurzaufenthaltern sowie Grenzgängern wird das Einverständnis zur Erwerbstätigkeit (Kantonswechsel) nur erteilt, wenn die Wirtschafts- und Arbeitsmarktlage es gestatten. Zurzeit kein Problem, denn die Schweizer Wirtschaft boomt. Ausländer, die in eine andere Gemeinde, in einen anderen Kanton oder ins Ausland ziehen, müssen sich in der Wohngemeinde abmelden.

Familiennachzug

Personen, die für die Schweiz eine Aufenthaltsbewilligung besitzen, können ihre Angehörigen nachholen: Gatte/Gattin und Kinder, Enkelkinder, Eltern und Großeltern, wenn für deren Unterhalt gesorgt ist. Ehegatten aus EU-Staaten und aus Drittländern können eine Erwerbstätigkeit aufnehmen. Der Zugang zum Arbeitsmarkt ist bewilligungspflichtig. Weitere Infos unter http://www.bfm.admin

BÜRGER UND BOTSCHAFTEN

Das Auswärtige Amt in Berlin bietet einen so genannten Bürgerservice, das betrifft sowohl Konsularhilfe wie Hilfe in Notfällen, Passangelegenheiten und Gesetzesverordnungen, Auswanderungen und kulturelle Hinweise: Tel. (in Deutschland): 030 50 00 2000 oder http://www.auswaertiges-amt.de Sie werden durch einen Dschungel von Automatismen geführt. Sie wissen schon: Wenn Sie dies oder das wollen, sagen Sie dies oder das, etwa Botschaft... Schweiz usw. Schneller und effektiver sind Sie auf jeden Fall mit und bei der Lektüre dieses Buches.

Die deutsche Botschaft hat sich in Bern eingerichtet:

Postanschrift	Adresse
Postfach 250	Willadingweg 78
CH – 3000 Bern 15	CH – 3006 Bern
Tel. 031 359 4111	

Man muss mit Verzögerungen rechnen. Und was Passangelegenheiten angeht, muss ein jeder persönlich vorstellig werden, hat mit Papier und Beamten zu kämpfen und ist zuletzt doch von Berlin abhängig. Im schönsten gesalbten Beamtendeutsch klingt das folgendermaßen, unterzeichnet vom aktuellen Botschafter Andreas von Stechow:[4]

[4] Siehe http://www.bern.diplo.de

«Die Botschaft in Bern bitte ich als Dienstleistungsangebot zu verstehen. Wir wollen Ihr Ansprechpartner sein und versuchen, Ihnen eine breite Palette von Dienstleistungen kundenfreundlich anzubieten. Ich bitte um Verständnis, dass Personallage und Umbaumaßnahmen gerade im Rechts- und Konsularbereich noch nicht immer den gewünschten Qualitätsanspruch unseres Service zulassen. Seien Sie versichert, dass wir alles daran setzen, das zu verbessern.»

Das klingt a priori nach Entschuldigung. Nicht von ungefähr. Erweist sich doch die Deutsche Botschaft in Bern als ungenügend, unzulänglich und unsäglich bürokratisch. Immerhin kann man einen Newsletter abonnieren, die Außenpolitik im Monatsrückblick betrachten und sich den Veranstaltungskalender zu Gemüte führen. Sehr sinnvoll ist es ja, wenn man in der Schweiz lebt, der Frage nachzugehen: Was tut sich auf deutschen Bühnen, in Hallen, Museen und Sportarenen? Ach klar, diese Tipps sind ja für Deutschlandreisende gedacht, die sich bei der Deutschen Botschaft erkundigen wollen. Und die holt man sich ausgerechnet bei der Botschaft! Das mache ich ja auch so, wenn ich nach Thailand reise. Nahe liegend, man erkundigt man sich bei der thailändischen Botschaft über allfällige kulturelle Veranstaltungen. Scherz beiseite. Es gibt auch das Deutsche Verkehrsbüro (Zentrale für Tourismus) an der Talstrasse 62 in Zürich, und das weiß garantiert besser über Events und Hotels und Reisemöglichkeiten in Deutschland Bescheid. Den deutschen Botschafter trifft man häufig bei Schweizer Festivals, dem berühmten Zürcher Opernball, Jubiläumsfeiern und anderen Events.

Das **Generalkonsulat der Bundesrepublik Deutschland** gibt sich international und hat seinen gediegenen Wohnsitz im internationalen Genf:

Consulat Géneral de la République fédérale d'Allemagne

Postanschrift	Adresse
Postfach 171	28C, Chemin du Petit-Saconnex
CH – 1211 Genève 19	1209 Genève
Tel. 022 730 1111	http://www.genf.diplo.de

Weitere Informationen auch unter: http://www.hallo-schweiz.ch

2. KAPITEL

DER AMTSSCHIMMEL WIEHERT: SCHWEIZER BEHÖRDEN UND PAPIERE

Das Wort vom “Marsch durch die Institutionen” könnte einem durch den Kopf gehen, wenn man an den Papierkram, an Stempel und Gebühren denkt, die für einen angenehmen legitimierten Schweizer Aufenthalt sorgen soll. Aber es wird nicht alles so heiß gegessen wie gekocht – in diesem Fall sind sich Deutschland und die Schweiz sehr, sehr nah...

Ämter für Aufenthalter

Jeder Kanton hat mindestens ein Amt, das für Grenzgänger und Aufenthalter zuständig ist und nötige Bewilligungen erteilen kann.

Kanton Basel Stadt

Einwohnerdienste
Spiegelgasse 6
4001 Basel
http://www.ewd-bs.ch
Tel. 0041 – 61 267 7171

Kanton Bern

Migrationsdienst Kanton Bern
Eigerstr. 73
3011 Bern
Tel. 0041 – 31 633 4739

Fremdenpolizei der Stadt Bern
Predigergasse 5
3000 Bern
Tel. 0041 – 31 321 5300

Fremdenpolizei der Stadt Biel
Neugasse 28
2502 Biel
Tel. 0041 – 32 326 1225

Kanton Zürich

Migrationsamt Kanton Zürich
Berninastr. 45
8090 Zürich
Tel. 0041 – 43 259 8800

Personalmeldedienst Zürich
Fremdenkontrolle
Stadthausquai 17
8022 Zürich
Tel. 0041 – 1 216 3111

Einwohnerkontrolle Winterthur
Stadthausstr. 21
8402 Winterthur
Tel. 0041 – 52 267 57 54

Kanton Schaffhausen

Kantonales Ausländeramt
Stadthausgasse 10
8201 Schaffhausen
Tel. 0041 – 52 632 7476

Kanton St. Gallen

Ausländeramt Kanton St. Gallen
Oberer Graben 32
9001 St. Gallen
Tel. 0041 – 71 229 3111

Kanton Zug

Kantonales Amt für Ausländerfragen
Verwaltungsgebäude 2
Abachstr. 1
6301 Zug
Tel. 0041 – 41 728 5050

Wohnsitzanmeldung

Ist der Arbeitsvertrag unter Dach und Fach, kann die Stelle angetreten werden. Man hat ein halbes Jahr Zeit, um den Umzug vorzubereiten und durchzuführen. Ein fester Wohnsitz bedeutet Anmeldung bei der Gemeinde. Jeder Ausländer ist dazu verpflichtet und muss bei der zuständigen Gemeinde ein gültiges Reisedokument (Pass, Personalausweis) vorlegen. Auskünfte:
http://www.migrationsamt.zh.ch

Führerschein

Der deutsche Führerschein (schweizerisch: Fahrausweis) muss spätestens nach zwölf Monaten in einen schweizerischen umgewandelt werden. Die Umschreibung kostet mindestens 120 Franken. Zuständig ist das kantonale Straßenverkehrsamt, entsprechend dem Wohnort. Hier werden auch Ausweis (Führerschein) und Kontrollschilder (Nummernschilder) herausgegeben. Dazu sind Führerschein, Kfz-Schein, Ausländerausweis oder Aufenthaltsbewilligung, Passfoto, Augentest (bei Brillenträgern) vorzulegen. EU-Bürger müssen keine Kontrollfahrt oder Extra-Theorieprüfung absolvieren.

Für den Kanton Zürich sind folgende Ämter zuständig:

Straßenverkehrsamt
Uetlibergstr.301
8036 Zürich
Tel. 0041 58 811 3000[5]

Straßenverkehrsamt
Taggenbergstr. 1
8408 Winterthur
Tel. 0041 58 811 2000

[5] Aus der Schweiz: 058 811 3000

Straßenverkehrsamt
Abt. Administrativmaßnahmen
Lessingstr. 33
8090 Zürich
Tel. 0041 58 811 7000

Straßenverkehrsamt
Studbachstr. 8
8340 Hinwil
Tel. 0041 58 811 5000

Straßenverkehrsamt
Abt. Schiffahrtskontrolle
Seestr. 87
8942 Oberrieden
Tel. 0041 58 811 8000

Kfz-Anmeldung

Wer dauerhaft seinen Wohnsitz in die Schweiz verlegt, kann sein Auto im Rahmen des Umzugsgutes zoll- und steuerfrei einführen. Der PKW muss freilich mindestens sechs Monate im Gebrauch sein, er darf auch nach der Einfuhr während der Dauer eines Jahres nicht veräußert werden.

Ausnahmen gibt es für Personen, die sich **studienhalber oder erwerbstätig** für eine bestimmte vorübergehende Zeit in der Schweiz aufhalten.

Für die zoll- und steuerfreien Einführungen eines **Privatautos** ist die Bewilligung des Grenzzollamtes nötig.[6] Dafür sind folgende Dokumente vorzulegen:

- Aufenthaltsbewilligung
- amtliche Fahrzeugpapiere
- Pass

[6] Formular: Erklärung/Abfertigungsantrag für Übersiedlungsgut

- evtl. Kaufvertrag oder Rechnung über Erwerb des Autos

Entsprechende Zollämter sind etwa in Basel oder Kreuzlingen. Für größere Fahrzeuge, Camper oder Anhänger gelten besondere Bestimmungen.

Generell ist folgende Verzollung in der Schweiz vorgeschrieben:

- für ein Auto 12 bis 15 Franken pro 100 Kilogramm
- beim Motorrad 37 Franken pro 100 Kilogramm

...zuzüglich Mehrwertsteuer (7,6 Prozent des Fahrzeugwerts) und Automobilsteuer (4 Prozent des Fahrzeugwerts).

Kfz-Steuern

Keine Erlaubnis ohne Abgaben sprich Stempel und Gebühren – darin sind sich Deutschland und die Schweiz sehr ähnlich. Die Motorfahrzeugsteuer (Kfz-Steuer) ist kantonal geregelt. Die Berechnung erfolgt auf Grund des Hubraums oder Gesamtgewichts beziehungsweise zulässiger Nutzlast. Beispiele: Ein Pkw mit 1.600 qcm Hubraum kostet an Kfz-Steuer im Kanton Bern rund 520 Franken jährlich, im Zürich rund 330 Franken, in Basel zwischen 370 Franken (Stadt) und 400 Franken (Land), im Tessin dagegen nur 320 Franken, in Zug 290 Franken und in Nidwalden nur 280 Franken.

Kfz-Versicherung

Die Zulassung eines Auto ist an eine Haftpflichtversicherung gebunden, die mit einer schweizerischen Versicherungsgesellschaft abgeschlossen wurde, analog den Vorschriften in der EU. Ein Schadensfreiheitsrabatt kann in der Schweiz übertragen werden. Die Versicherungsprämien sind ähnlich wie in Deutschland gelagert. Eine Teilkaskoversicherung umfasst Feuer, Diebstahl, Unwetter, Vandalismus, Marderbiss. Es werden auch Kollisionskasko (jede Art von Kollision, auch Selbstunfälle) oder Versicherungen zwecks Parkschaden angeboten.

TIPP | RECHTSSCHUTZ

Wie in Deutschland empfiehlt es sich, eine **Rechtsschutzversicherung** (Assista) und einen **ETI-Schutzbrief** für Notfälle im Ausland abzuschließen, etwa über den Touring Club Schweiz (TCS). Er ist in 48 Geschäftsstellen in der ganzen Schweiz präsent und orientiert auch über alle andere Kfz-Fragen, die Schweiz betreffend. Auskünfte: Tel. 0844 888 111 (in der Schweiz), 0041 22 417 22 20 (Notfallnummer: Einsatzzentrale ETI), bei Pannen: Patrouille TCS Tel. 140. Internet: http://www.tcs.ch

Pflichten und Bußen

Achtung: In der Schweiz gilt **Anschnallpflicht**. Wer diese Vorschrift nicht erfüllt, kann gebüßt werden (das heißt: man kann mit einer Buße/Strafe belegt werden). Das kann auch passieren, wenn man im Kreisverkehr nicht den Blinker beim Herausfahren setzt. Verkehrsübertretungen kommen in der Schweiz teuer zu stehen: Unter

40 Franken läuft da gar nichts, nicht mal bei leichten Parkverletzungen. In der Schweiz heißt Parken übrigen Parkieren, und bei Radarfallen spricht man von Blechpolizisten. Nachstehend der Bußgeldkatalog bei **Geschwindigkeitsüberschreitungen**...

- 2 - 5 km/h	40 Franken
- 11 - 15 km/h innerorts	250 Franken
- 11 - 15 km/h außerorts	160 Franken
- 11 - 15 km/h Autobahn	120 Franken
- 21 - 25 km/h innerorts	Anzeige
- 21 - 25 km/h Autobahn	über 260 Franken.

Ein weiterer Blick in den schweizerischen Bußenkatalog:

- Verletzung der Anschnallpflicht	60 Franken
- Nichttragen des Schutzhelmes	60 Franken
- Unterlassen des Blinkens	100 Franken
- Nichtgewähren des Vortritts von Fußgängern am Zebrastreifen	140 Franken
- Fahren auf dem Pannenstreifen	140 Franken
- Überfahren einer Ampel	250 Franken[7].

Übrigens: Fahrräder (Velos) benötigen in der Schweiz eine Versicherungs-Vignette (Plakette), die am Velo befestigt sein muss. Sie ist eine Haftpflichtversicherung für Schäden an Dritte und u. a. bei den Poststellen erhältlich. Kostenpunkt für ein Jahr: 20 Franken. Übrigens: Wer ohne Velovignette erwischt wird, zahlt 40 Franken Buße. Allfällige Schadensansprüche sind bis 2 Millionen Franken gedeckt. Der Versicherungsschutz gilt in ganz Europa (inklusive Türkei), den Mittelmeer-Randstaaten und -Inselstaaten. Also vor allem für diejenigen interessant, die mit dem Velo auf Reisen gehen (Velowanderreisen). Informationen: http://www.linker.ch

[7] plus Verfahren

3. KAPITEL

VON DER GEBURT BIS ZUR BAHRE: VERSICHERUNGEN UND PENSIONEN

Im Mutterland der Versicherung kann man fast alles versichern: Sachen, Schäden, Personen, Vermögen, Katastrophen. Eine Anlaufstelle im Dschungel der Versicherungen ist der Schweizerische Versicherungsverband (svv): http://www.svv.ch

Sozialversicherung

Grundsätzlich sind Fragen der sozialen Sicherheit betreffend im Personenverkehrsabkommen zwischen der Schweiz und der EU geregelt. Sollte das **Arbeitsverhältnis in Deutschland** bestehen bleiben, gleichzeitig aber auch ein zusätzliches Arbeitsverhältnis in der Schweiz existieren, haben die deutschen Sozialversicherungen Vorrang. Die schweizerische Pensionskasse wird aus deutscher Sicht nicht als Sozialversicherungssäule anerkannt.

Generell unterliegen **Aufenthalter und Selbständige** in der Schweiz einer Versicherungspflicht (Krankheit, Rente). Ein selbstständiger **Grenzgänger** in der Schweiz kann von der Krankenversicherungspflicht befreit werden, der Aufenthalter nicht: http://www.verein.biz/sozialversicherung.htm

Alters- und Hinterlassenenversicherung (AHV)

Mit Aufnahme und Entgeltung einer Arbeit ist zwingend die AHV-Abgabe (1. Säule) verbunden (spätestens ab 17. Lebensjahr). Die Einkommen, inklusive Provisionen, Gratifikationen, Verdienste in Ferien- und Nebenjobs etc., sind AHV-pflichtig. Zurzeit liegt der Beitragssatz für Arbeitgeber und Arbeitnehmer bei total 8,4 Prozent des Verdienstes. Er wird je zur Hälfte vom Arbeitnehmer und Arbeitgeber geleistet. Die entsprechenden Beiträge werden vom Gehalt abgezogen und vom Arbeitgeber zusammen mit seinem Beitrag an die Ausgleichskasse überwiesen. Anspruch auf diese Rente besteht dann, wenn der Versicherte seine Beiträge während eines Beitragsjahres gezahlt hat. Die AHV soll nur als Basis einer finanziellen Altersvorsorge dienen. Anspruch auf eine Vollrente haben diejenigen, welche seit dem 20. Lebensjahr ohne Unterbrechung AHV-Beiträge eingezahlt haben. Maximal werden monatlich 2.150 Franken (nach 44 beziehungsweise 41 Beitragsjahren) ausgezahlt – beim Erreichen des 64. Lebensjahres bei Frauen, des 65. Lebensjahres bei Männern. Bei frühzeitiger Pensionierung vermindert sich der Rentenanspruch. Witwen erhalten 80 Prozent (max. 1720 Franken), Halbwaisen 40 Prozent (max. 860 Franken) Rente. Für den Rentenbezug ist es nicht nötig, den Wohnsitz in der Schweiz zu haben.

Nähere Informationen erhalten Sie auf der Internetseite http://www.avs-ai.ch/D/AHV/ahv.html oder bei der Rentenberatung der Bundesversicherungsanstalt für Angestellte in 10704 Berlin oder bei der Landesversicherungsanstalt Baden-Württemberg, Gartenstr. 105, 76135 Karlsruhe.

Invalidenversicherung

Wer AHV-Beiträge zahlt, ist automatisch der Invalidenversicherung (IV) angeschlossen. Der Beitrag entspricht 1,4 Prozent des Gehaltes. Die IV soll den Versicherten gegen wirtschaftliche und soziale Folgen einer Individualität schützen. Die IV-Rente beträgt im Höchstfall 2150 Franken im Monat, sofern das Einkommen mindestens 77400 Franken im Jahr betrug.[8] IV-Leistungen werden frühestens nach einem Jahr Wartezeit ausgezahlt.

Erwerbsersatzsordnung (EO)

Die EO ist eng mit der AHV verknüpft und regelt die Erwerbsausfallentschädigungen für diejenigen, welche Militär-, Schutz- oder Zivildienst leisten. Sie beruht auf dem Solidaritätsprinzip und nimmt deswegen auch Ausländer nicht aus, egal ob sie EO-Leistungen beanspruchen können oder nicht. Die Abgabe beträgt 0,3 Prozent des Gehaltes. Insgesamt belaufen sich die Abzüge in diesem AHV-Paket (HV, IV, EO) 10,1 Prozent des Gehaltes/Salärs. Solidarisch wird geteilt: 5,05 Prozent zahlt der Arbeitgeber und 5,05 Prozent der Arbeitnehmer. Umfassende Informationen:

http://www.avs-ai/Home-D/AHV/ahv.html oder
http://www.svazurich.ch

[8] Stand 2005

Personalvorsorgeeinrichtung (BVG)

Für selbständige **Grenzgänger und Aufenthalter** besteht keine Versicherungspflicht, aber ein Beitritt ist möglich.

Allgemein gilt diesbezüglich in der Schweiz eine Versicherungspflicht für alle **Arbeitnehmer**, die mindestens 17 Jahre alt sind und einen Jahreslohn von mindestens 19350 Franken beziehen.[9] Die Personalvorsorgeeinrichtung (Pensionskasse, 2. Säule) soll dem Pensionär im Verbund mit der AHV (1. Säule) den Lebensunterhalt ergänzen und sichern. Die Pensionskasse ist also eine zusätzliche Rente und obligatorisch. Für die zweite Säule werden vergleichbar mit einer Lebensversicherung Beiträge der Arbeitnehmer und Arbeitgeber angesammelt, angelegt und verzinst. Die Beiträge liegen bei 7 und 18 Prozent des Verdienstes je nach Alter. Sie werden in der Regel je zur Hälfte vom Arbeitnehmer und vom Arbeitgeber getragen.

Ab 01. Juni 2007 gilt folgende **Freizügigkeitsleistung**: Eine Barauszahlung kann erfolgen, wenn die betreffende Person die Schweiz verlässt und keiner ausländischen Versicherungspflicht unterliegt, oder eine teilweise Auszahlung, wenn die Gelder für den Erwerb von Wohneigentum im Sinne einer Wohneigentumsförderung oder einer Selbständigkeit dienen. Man kann die Pensionsgelder auch bei einer Bank auf einem Freizügigkeitskonto deponieren. Die Gelder sind bis zum 60. Lebensjahr (Ausnahmen möglich) gesperrt.

---

[9] Stand: 2005

Krankenversicherung (KVG)

Alle Erwerbstätigen in der Schweiz müssen eine Krankenversicherung haben. Jeder ist dafür eigenverantwortlich, das bedeutet: Der Arbeitgeber ist nicht für die Aufnahme in eine Krankenversicherung verantwortlich.

Grenzgänger können von einer Krankenversicherungspflicht entbunden werden. Zuständig ist der jeweilige Kanton. Gleichwohl muss die Krankenversicherung Kosten in der Schweiz oder einem EU-Staat decken. Für Grenzgänger gibt es verschiedene Möglichkeiten, sich entsprechend zu versichern.

Nach Anmeldung am Schweizer Wohnort wird sich das Amt für Sozialbeiträge mit dem **Aufenthalter** in Verbindung setzen und sich nach einer entsprechenden Krankenversicherung erkundigen. Eine Krankenversicherung muss spätestens drei Monate nach Wohnsitznahme abgeschlossen sein. Aufenthaltern stehen zwei Möglichkeiten zur Verfügung:

1. **Das Krankenversicherungsobligatorium**
   Dabei sind unterschiedliche Prämien zu leisten, je nach Wohnort (die Ballungsräume Basel, Zürich, Bern oder Genf sind teurer), Ansprüchen und Alter. Arzt- und Krankenhaus-(Spital-)Behandlung im Kantonsgebiet sind gedeckt, nicht aber umfängliche Zahnbehandlungen (außer Zahnziehen beispielsweise). Im Jahr 2007 beginnen die Basisprämien pro Monat ab 250 Franken (Stadt Zürich).

2. **Das D-CH-Modell (Aufenthaltermodell)**
   Möglich ist eine Kombination zwischen einer Schweizer Krankenkasse und einer deutschen Krankenzusatzversicherung. Die Prämie richtet sich nach Alter, Geschlecht

und Wohnort. Der Versicherungsnehmer ist Privatpatient. Es können deutsche wie Schweizer Ärzte (inklusive Zahnärzte), deutsche wie Schweizer Spitäler (auch weltweit) aufgesucht werden.

Informationen: http://www.krankenversicherung.ch

Krankentagegeld

Grenzgänger wie Aufenthalter müssen sich in der Schweiz selber um Versicherungsschutz kümmern. Es besteht allerdings eine minimale gesetzliche Regelung, die den Arbeitgeber verpflichtet, den Arbeitnehmer weiter zu entlohnen, wenn dieser mehr als drei Monate beschäftigt war. Das heißt: Die Lohnfortzahlungspflicht gilt für drei Wochen im ersten Dienstjahr, für 3 Monate (Basel, Bern) oder 11 Wochen (Zürich) nach 5 Dienstjahren. Für die Zeit danach empfiehlt sich eine Tagegeldversicherung, welche die Existenz sichert. Die meisten Arbeitnehmer sind betrieblich oder kollektiv versichert. Gewisse sportliche Aktivitäten können Kürzungen des Krankentagegelds nach sich ziehen (Autorennen, Extremkarate, Boxen, Motorboot- und Motorradrennen u. a.). Mutterschaft wird übrigens Krankheit gleichgestellt.

Unfallversicherung

Eine Unfallversicherung (UVG) ist Pflicht. Versicherungsträger sind:

- die Schweizerische Unfallversicherungsanstalt (SUVA)
- private Versicherungen
- anerkannte Krankenkassen
- öffentliche Unfallversicherungskassen.

Normalerweise sind Berufsunfälle und -krankheiten versichert, Unfälle auf dem Arbeitsweg sind hier eingeschlossen. Die obligatorische **Berufsunfallversicherung** (BUV) schützt Versicherte vor den wirtschaftlichen Folgen eines Berufsunfalls oder einer Berufskrankheit.

Die obligatorische **Nichtberufsunfallversicherung** (NBUV) tritt bei Freizeitunfällen in Kraft. Die freiwillige Unternehmensversicherung (FUV) schützt selbständig Erwerbende vor wirtschaftlichen Folgen von Berufskrankheiten, Berufs- und Freizeitunfällen. Arbeitslose, die Anspruch auf Arbeitslosenentschädigung haben, sind bei der SUVA automatisch auch gegen Unfall versichert.

Die **Prämien für eine Berufsunfallversicherung** gehen zu Lasten des Arbeitgebers, für Nichtberufsunfälle in der Regel zu Lasten des Arbeitnehmers. Prämien und Leistungen richten sich nach dem AHV-pflichtigen Lohn. Die Prämie kann von 0,73 bis 3,09 Prozent des versicherten Verdienstes betragen. Der Lohnausfall wird ab 3. Tag nach dem Unfall geleistet. Eine Unfallrente beträgt bei Vollinvalidität 80 Prozent des Verdienstes. Zusammen mit der AHV/IV-Rente kann der Versicherte eine Maximalentschädigung erreichen, die 90 Prozent seines vorgängigen Verdienstes ausmacht.

Die **Hinterlassenenrenten** betragen 40 Prozent vom versicherten Verdienst für Witwen oder Witwer, 15 Prozent für Halbwaisen, 25 Prozent für Vollwaisen.

Die Beibehaltung einer privaten Unfallversicherung in Deutschland ist ratsam, besonders im Fall einer Invalidität oder bei einem Todesfall.

Umfassende Auskünfte Prävention, Versicherung und Rehabilitation bietet die Suva auf http://www.suva.ch mit ihren Programmen:

- suvaPro Prävention
- suvaLiv Freizeitunfälle
- suvaRisk Versicherungsgeschäft und Kapitalanlagen
- suvaCare Betreuung nach Unfall oder Berufskrankheit

Arbeitslosenversicherung

Ein Abkommen zwischen der EU/Efta und der Schweiz regelt Arbeitslosenentschädigungen für Arbeitnehmer.

Die **Arbeitslosenversicherung** (ALV) ist wie die AHV obligatorisch. Arbeitgeber und -nehmer tragen je die Hälfte des Betrages. Ausgenommen sind mitarbeitende Familienmitglieder in der Landwirtschaft, Rentner und Rentnerinnen sowie selbständige Landwirte. Die **Höhe des Beitrages** beläuft sich auf 2 Prozent des Jahreslohnes oder höchstens 2136 Franken.

Wer innerhalb von zwei Jahren mindestens 12 Monate in der Schweiz Arbeitnehmer war, hat **Anspruch auf Arbeitslosenentschädigung**. Das sogenannte „Tagegeld" kann maximal 70 Prozent (ohne Unterhaltspflicht für Kinder) und 80 Prozent (mit

Kindern) des letzten, maximal versicherten Lohnes (8900 Franken) betragen, das bedeutet: Das Arbeitslosengeld beträgt maximal rund 6200 bzw. 7100 Franken pro Monat. Es können 5 Tagegelder pro Woche oder bis zu 400 Tagegelder während der Arbeitslosigkeit beansprucht werden. Über 55-Jährige können mehr Tagegelder (520) beanspruchen.

Arbeitslose sind automatisch unfallversichert und müssen sich krankenversichern.

Ein Beispiel (Kanton Zürich):

> Bei einem versicherten Verdienst von 4500 Franken monatlich und einem Taggeldansatz von 80 Prozent beträgt das Bruttotagegeld 165,90 Franken, auf den Monat umgerechnet 3600 Franken (bei 21,7 Tagegeldern) – minus Abzüge.

Das **Beziehen von Arbeitslosengeldern** ist nur möglich, wenn die betreffende Person beim zuständigen regionalen Arbeitsvermittlungszentrum (RAV) angemeldet ist und gewisse Pflichten wahrnimmt:

- regelmäßige Kontakte mit dem RAV
- Kursbesuche
- Zusammenarbeit mit dem Personalberater
- Pflicht zur intensiven Stellensuche (zu dokumentieren)
- gegebenenfalls Annahme zumutbarer Arbeit.

Deutsche **Grenzgänger** werden in Fällen von Arbeitsausfall wegen Kurzarbeit, Konkurs oder schlechtem Wetter in der Schweiz entschädigt. Im Fall von Arbeitslosigkeit erhält der Grenzgänger Leistungen aus Deutschland.

Infos zur Arbeitslosenversicherung: http://www.viavia.ch
Infos zur Arbeitslosigkeit: http://www.treffpunkt-arbeit.ch
http://www.swissworld.org
http://www.rav.ch

Pensionskasse

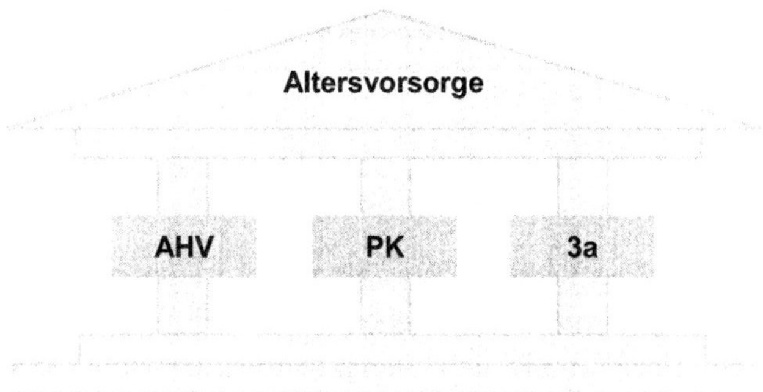

Abbildung: Die drei Säulen der Altersvorsorge

Die sogenannte „**AHV**“ (Alters- und Hinterlassenenversicherung) bildet die **1. Säule in der schweizerischen Altersversorgung**. Sie ist für die Bewohner der Schweiz obligatorisch und bietet eine Minimalrente. Dabei werden maximal 2150 Franken monatlich ausgezahlt an Einzelpersonen, insgesamt 3100 Franken an Ehepaare.

Durch den Beitritt zu einer Pensionskasse (**PK**), die auch zur beruflichen Vorsorge (BVG) dient, wird eine **2. Säule** aufgebaut, um im Alter einen gewissen Lebensstandard zu sichern. Sie bildet eine Kombination von Spar- und Risikoelementen. Arbeitnehmer und Arbeitgeber sind verpflichtet, sich gegen die wirtschaftlichen Folgen von Alter (Pensionierung), Individualität und Tod zu versichern. Sie tragen gemeinsam die Prämien, die vom Lohn abhängen, also je 50 Prozent. Es gibt auch Arbeitgeber, die einen größeren Prämienbetrag übernehmen. Alle Unternehmen mit Angestellten müssen sich einer Pensionskasse anschließen. Auf dem PK-Konto sammelt sich Kapital, das von den Pensionskassen verwaltet und angelegt wird. Wenn man den Arbeitgeber wechselt, zieht auch das Konto mit, das heißt die angesparte Summe inklusive Zinsen wird an eine andere Pensionskasse überwiesen. Die Höhe des Beitrags richtet sich nach dem Alter des Versicherten. Das sind rund 10 Prozent des Lohnes bei einem Fünfzigjährigen. Vorsorgeziel ist es, rund 80 Prozent des letzten Grundgehalts zu erlangen. In der Regel wird diese Vorsorgestiftung mit dem Rentenalter (noch 65 bei Männern, 64 bei Frauen) spruchreif. Es gibt die Möglichkeit, sich das angehäufte Alterskapital als Rente oder gesamt auszahlen zu lassen. Wer sich selbständig macht, kann ohne Altersbedingung auf das PK-Guthaben zurückgreifen. Wer aus- oder zurückwandert kann sich ebenfalls auszahlen lassen. Und wer eine Immobilie (Haus, Eigentumswohnung) für den Eigengebrauch erwerben will, kann ebenfalls die PK-Quelle anzapfen. Im Fall einer Scheidung werden die Pensionskassenbeträge zwischen den Ehepartnern hälftig geteilt, unabhängig vom gewählten Güterstand.

http://www.aso.ch
http://www.pkpro.ch
http://www.beobachter.ch

Über eine breite Auswahl von Pensionskassen orientiert

http://www.directopries.ch

Bisher konnte das angesparte Pensionskassenkapital vorzeitig bezogen werden, wenn man beispielsweise auswanderte, also seine Zelte in der Schweiz abbaute. Das ändert sich ab 01. Juni 2007 gewaltig. Dann nämlich greift das Bilaterale Abkommen I mit der EU. Freizügigkeitsgelder dürfen fortan nicht mehr vor der Pensionierung in der Schweiz oder im Ausland bezogen werden, ausgenommen Rumänien und Bulgarien. Diese Regelung betrifft den obligatorischen Teil des BVG-Kapitals (Limit aktuell: 79.560 Franken). Alle Gelder, die darüber hinausgehen, sind verfügbar. Man kann auch weiterhin Pensionskassengelder anzapfen, um sich selbständig zu machen oder Wohneigentum zu erwerben. Es gibt wie immer Ausnahmen: Wer in ein Drittland, also außerhalb der EU, auswandert, beispielsweise nach Kroatien, Kanada, den USA oder Australien, hat auf das gesamte Freizügigkeitskapital Zugriff.

Die **dritte Säule der Altersvorsorge**, **3a**, ist von dieser Regelung nicht betroffen. Wer denn sein Domizil in einem EU- oder EFTA-Land bezieht, kann seine 3a-Gelder vollumfänglich mitnehmen. Informationen erhalten Sie beim Sicherheitsfonds BVG auf http://www.sfbvg.ch.

Die 3. Säule 3a ist freiwillig, sie ist eine private steuerbegünstigte Vorsorge. Es wird zwischen der gebundenen Vorsorge (Säule 3a) und der freien Vorsorge (Säule 3b) unterschieden. Bei 3a ist der Maximalbeitrag vom steuerbaren Einkommen voll abzugsberechtigt. Erwerbstätige mit Pensionskassekönnen können maximal 6.077 Franken jährlich anhäufen und von der Steuer abziehen, das bedeutet: selbständig Erwerbstätige ohne Pensionskasse maximal 30.384 Franken jährlich. Bei Säule 3a ist ein Bezug der Summe in bestimmten Fällen möglich (Wohneigentum, Schritt in die Selbständigkeit, bei Verlassen der Schweiz, Einkauf in eine Pensionskasse), in der Regel aber nicht vor Erreichen des AHV-Alters. Die Erträge der 3. Säule (3a) sind Einkommens-, Verrechnungs- und Vermögenssteuerfrei. 3a-Sparen kann man bei einer Bank oder einer Versicherung. Infos unter http://www.novoinform.ch

4. KAPITEL

WO DER STEUERVOGT REGIERT: DER STAAT FORDERT TRIBUT

Der Bürger ist alljährlich gefordert, seine Steuererklärung auszufüllen und bis April einzusenden. Ein mühsames Unterfangen, das man besser delegiert, wenn man kann. Smarte Köpfe bringen es fertig, Verdienst und Gewinn auf Null zu fahren und entgehen dem Steuervogt. Für deutsche Gewohnheiten ist das Prozedere und die Tilgung der Steuerschulden geradezu fatal ungewöhnlich:

- Grundlage der Steuerbemessung bildet das vorhergehende Jahr.
- Die entsprechende Summe erfährt man gegen Mitte des Jahres.
- Die Tilgung kann man in einem Anlauf vornehmen (und spart dadurch einen schönen Batzen) oder in drei Raten, verteilt bis Ende des Jahres.
- Man sollte also vom laufenden Verdienst monatlich eine gewisse Summen zurücklegen (sparen).
- Ein Fiasko: Man spart förmlich für den Staat, die Gemeinde. Das Salär (Gehalt) kommt dick brutto daher, doch netto vermindert sich der Verdienst spürbar, auch wenn die Schweiz (Kantone, Gemeinden) sehr moderat Steuern erhebt, Vermögende hofiert und teilweise (siehe steuergünstige Kantone und Gemeinden) begünstigt.

Quellensteuer

Das Kapitel Steuern in der Schweiz umfasst ein weites Feld und bleibt für viele ein Buch mit mindestens sieben Siegeln. Es beginnt mit dem Doppelsteuerabkommen, das die Schweiz mit über 50 Staaten abgeschlossen hat (inklusive Deutschland und den USA), und endet irgendwo zwischen Kirchen-, Erbschafts- und Vermögenssteuer. Vom Steuerstandort und Steuerparadies Schweiz wird an besonderer Stelle die Rede sein.

Bei "frischen" Ausländers greift der Staat sofort in die Lohntüte. Der Steuerpflichtige wird also vom Staat direkt geschröpft. Das heißt: Der Arbeitgeber muss die Quellensteuer direkt an die Finanzbehörde weiterleiten. Im Beamtendeutsch heißt das folgendermaßen:

"Die Quellensteuer wird bei Personen mit steuerlichem Wohnsitz oder Aufenthalt in der Schweiz erhoben, so lange sie noch nicht im Besitze einer Niederlassungsbewilligung (Ausweis C) sind. Dem Steuerabzug an der Quelle nicht unterstellt bzw. aus der Quellensteuer entlassen werden Personen,

- *die das Schweizer Bürgerrecht oder die Niederlassungsbewilligung erwerben,*
- *die mit einer Person verheiratet sind, die das Schweizer Bürgerrecht oder die Niederlassungsbewilligung besitzt,*
- *die Grundbesitz erwerben,*
- *die eine selbständige Erwerbstätigkeit aufnehmen."*[10]

Quellensteuer zahlen auch Künstler, Sportler, Referenten, die eine Gage oder Prämie beziehen und keinen steuerrechtlichen Schweizer Wohnsitz haben. Zu dieser Gruppe gehören ebenso ausländ-

[10] Quelle: Finanzdirektion, Kanton Bern

lsche Verwaltungsräte, Empfänger von Leistungen aus öffentlichrechtlichem Arbeitsverhältnis oder von privatrechtlichen Vorsorgeleistungen, Transporteure, Grenzgänger. Arbeitnehmer für kurze Dauer oder Wochenaufenthalter. Das gilt auch für Jahresaufenthalter (Ausweis B).

Die Abgaben sind so unterschiedlich wie Wetter und Stimmungen in der Schweiz. Sie richten sich nach den Ansätzen des jeweiligen Kantons und nach der Kategorie des Arbeitnehmers (alleinstehend, verheiratet, Alleinverdiener mit oder ohne Kinder, verdienendes Ehepaar, Nebenerwerb). Mit der Steuer sind Steueransprüche von Bund, Kanton und Gemeinden (inklusive Kirchensteuer) abgegolten. Für die Tarife ist die kantonale Steuerbehörde zuständig. Die kantonale Quellensteuertarife (TXT/ZIP-Format) dienen ausschließlich den Arbeitgebern. Informationen erhalten Sie unter:

http://www.estv.admin.ch
http://www.steueramt.zh.ch
http://www.stadt-zuerich.ch
http://www.steuern.sg.ch

Grundsätzlich gilt, dass **Grenzgänger**, die in der Regel täglich an ihren Wohnort zurückkehren, im Vertragsstaat besteuert werden – gemäss Wohnsitzstaatsprinzip. Deutsche Grenzgänger müssen in Deutschland Steuern zahlen, wobei 4,5 Prozent des Bruttolohnes in der Schweiz durch den Arbeitgeber einbehalten wird, sozusagen als Vorschuss auf die deutsche Steuer.

Weitere Informationen über Doppelsteuerabkommen und Grenzgänger erhalten Sie unter:

http://www.aufenthalter.ch

Allgemeine Einkommenssteuer, Staats- und Gemeindesteuer sowie direkte Bundessteuer

Alle Einkünfte[11] sind steuerpflichtig. Sowohl der Bund[12] wie auch die Kantone[13] und Gemeinden[14] erheben eine allgemeine Einkommenssteuer. Diese richtet sich nach der Summe aller Einkünfte. Anerkannte Religionsgemeinschaften oder Kirchengemeinden haben das Recht auf Kirchensteuern. Jeder Arbeitnehmer ist selber für Steuerfragen und -tilgung verantwortlich und muss alljährlich seine Steuererklärung bei der Wohngemeinde einreichen.

Die Steuererklärung für das Jahr 2006 beispielsweise ist bis Ende März, Anfang April 2007 fällig, Fristverlängerungen sind in der Regel möglich. Man zahlt also im Jahr 2007 für das Einkommen im Jahr 2006.

Der große Brocken (Staats- und Gemeindesteuer) kann mit einem Schlag (Zinsabzug) oder in Raten beglichen werden. Die direkte Bundessteuer ist spätestens 30 Tagen nach der Benachrichtigung zu zahlen.

Die Steuerberechnung basiert auf Steuersatz und Steuerfuß. Die effektiven Kantons- und Gemeindesteuern ergeben sich aus dem Grundtarif der Steuer (Steuersatz), der mit Steuerfuß multipliziert wird. Und dieser Steuerfuß wird von jeder Gemeinde demokratisch festgesetzt.

[11] Dazu zählen auch Nebeneinkünfte und Entschädigungen (Sonderleistungen, Provisionen, Zulagen, Gratifikationen, Trinkgelder, Tagegelder u.a.).
[12] Direkte Bundessteuer
[13] Kantonssteuer oder Staatssteuer
[14] Gemeindesteuer

Beispiel

Ein berufstätiges Ehepaar, wohnhaft im Kanton Zürich, verdient im Jahr zusammen 200.000 Franken. Die Staats- und Gemeindesteuern betragen rund 35.000 Franken, die direkte Bundessteuer rund 15.000 Franken. Nachsteuern nicht ausgeschlossen. Rund gerechnet muss das Paar 25 Prozent seines Einkommens für den Staat bzw. für die Gemeinde abzweigen.

Abgesehen von diesem Beispiel, die höchste Steuerabgabe käme auf maximal 35 Prozent des Einkommens.

Weitere Informationen erhalten Sie bei der...

Schweizerische Steuerkonferenz SSK
http://www.steuerkonferenz.ch

Eidgenössische Steuerverwaltung ESTV
http://www.estv.admin.ch

Verrechnungssteuer

Wer Kapital ansammelt, wird zur Kasse gebeten – natürlich auch in der Schweiz. Die Verrechnungssteuer wird vom Bund erhoben und nimmt sich des sogenannten „beweglichen Kapitalvermögens“ an. Sie zielt auf Zinsen und Dividenden, aber auch auf Lottogewinne und gewisse Versicherungsleistungen.

Das Ziel: Es sollen Steuerhinterziehungen verhindert werden.

Wenn’s so einfach wäre!

Die Verrechnungssteuer wird als Objektsteuer taxiert und nimmt keine Rücksicht auf die wirtschaftliche Leistungsfähigkeit des Steuerpflichtigen. In Zahlen ausgedrückt:

- Von Lotteriegewinnen oder Kapitalerträgen werden 35 Prozent abgezogen.
- Auf Leibrenten und Pensionen werden 15 Prozent eingefordert,
- auf sonstige Versicherungsleistungen 8 Prozent.

Beispiel

Der Sparer hat am Ende des Jahres einen Zinsgewinn von 100 Franken, davon erhält er aber nur 65 Franken, die restlichen 35 Franken gehen an die Eidgenossenschaft. Der Sparer muss nun seinerseits die 35 Franken bei der kantonalen Steuerverwaltung auf Grund eines Rückerstattungsantrags geltend machen. Wie viel er dann tatsächlich zurück bekommt bzw. gut geschrieben wird, hängt von seinen weiteren Einnahmen, seinem Guthaben oder Vermögen ab.

Vermögenssteuer

Auch die Vermögenssteuer hat eine Kontrollfunktion. Sie ist eine Ergänzungssteuer und soll der Steuerbehörde helfen, Rückschlüsse auf die Vermögensentwicklung und auf das Einkommen der steuerpflichtigen Person zu ziehen. Objekt der Steuerbegierde ist das Gesamtvermögen. Man spricht vom beweglichen (Guthaben, Wertschriften, Beteiligungen etc.) und unbeweglichen Vermögen (Immobilien, Grundstücke etc.). Der Vermögenssteuer unterliegen weder Hausrat und persönliche Gebrauchsgegenstände noch Rentenversicherungen. Die Vermögenssteuer wird nach dem Reinvermögen, das heißt Bruttovermögen abzüglich Schulden, bemessen. Bei einem steuerbaren Vermögen kann die Steuerlast 0,16 bis 5,13 Prozent betragen. Es kommt auf den Kanton und die Gemeinde an.

Weitere Informationen erhalten Sie unter:

http://www.standortschweiz.ch oder
http://www.ag.ch

Stempelsteuer

Der Bund erhebt die Stempelsteuer auf zahlreiche Rechtsvorgänge. Sie sollte 2004 abgeschafft werden, doch das Vorhaben scheiterte aufgrund einer Abstimmung über das Steuerpaket. Der **Bund** kann auf Wertpapiere, auf Quittungen von Versicherungsprämien und anderen Urkunden des Handelsverkehrs eine Stempelsteuer erheben, die übrigens aus Holland stammt und im 17. Jahrhundert verbreitet war. Der Bund erhebt also bei mit Einmalprämien finanzierten rückkauffähigen Lebensversicherungen eine Stempelsteuer. Sie beträgt 2,5 Prozent der Einmalprämie. Sie ist vor allem Pensionskassen ein Dorn im Auge, die bei ihren Wertschriftentransaktionen eine Umsatzabgabe (Stempel) bezahlen müssen, 0,075 Prozent für inländische, 0,15 Prozent für ausländische Titel. Das summiert sich.

Neben dem Bund erheben **auch sechs Kantone** (BS, AG, TI, VD, VS und GE) ihre Stempelsteuer. Gegenstand dieser Steuer sind Urkunden (Urteile, Registerauszüge etc.), die von Gerichts- oder Verwaltungsbehörden an Private ausgestellt werden, Akten und Eingaben sowie Urkunden über Rechtsgeschäfte (Verträge, Testamente etc.). Im Kanton Wallis gibt's obendrein eine Stempelsteuer, die auf Spielkarten erhoben wird.

HINWEIS | AUSNAHMEN

Ausnahmen... Wie fast überall in der Bürokratie und Gesetzgebung gibt es Ausnahmen. Natürlich auch in der Steuerbehandlung. Vermögende Ausländer, etwa die Musikstars Popstar Tina Turner, Phil Collins oder Johnny Halliday, Ex-Formel-1-Champ Michael Schumacher und Fußballexperte Günter Netzer, treffen spezielle Pauschalsteuerabkommen mit den entsprechenden Gemeinden/Kantonen. Das führte in jüngster Zeit zwar zu einer heftigen öffentlichen Debatte über derartige VIP-Bevorzugungen in der Schweiz (vor allem über Boulevard-Medien geführt), wird aber nach wie vor gehandhabt.

Merke: Gewusst wie und wo und mit wem!

Grundstücksgewinnsteuer

Der Staat mischt auch beim Verkauf einer Immobilie mit. Wird ein Gewinn realisiert (echtes Schweizer Schriftdeutsch!), fällt die Grundstücksgewinnsteuer an. Die Höhe richtet sich nach der Besitzdauer. Hängt der häusliche Segen schief und kommt es zur Scheidung, müssen sich Streithahn und -henne über die Teilung der Steuerlast einigen. Wird das eine Haus verkauft, um ein anderes oder Stockwerkeigentum zu erwerben, wird diese Steuer aufgeschoben, nicht aber wenn der Verkaufpreis des alten Hauseigentums höher als der Preis für die neue Liegenschaft. Das betrifft auch Leute, die nach dem Auszug der Kinder eine Eigentumswohnung beziehen.

Erbschaftssteuer

Erbschaften bringen nicht selten Scherereien – innerhalb der Verwandtschaft und mit den Steuerbehörden. Hier gibt es kein Entrinnen, speziell was Immobilien angeht. Weitsichtige Eigner vermachen Liegenschaften bereits zu Lebzeiten an die Erben oder tauschen sie gegen ein Darlehen ein. Erbschafts- und Schenkungssteuern auf Liegenschaften und Grundstücken fallen im betreffenden **Standortkanton** an und nicht am Wohnsitz des Erblassers. Tröstlich: Je enger Erblasser und Erben verwandt sind, desto geringer könnte der Steuerbetrag ausfallen. Aber auch hier gilt: Was meint der Kanton dazu, wie handhabt er diesen Vorgang, und wie hoch bemisst er den Grundbesitz? Im Kanton Bern beispielsweise wird die Liegenschaft nach Steuerschätzungswert beurteilt, und der liegt meistens unter dem Marktwert des Objekts. In anderen Kantonen richtet man sich nach dem Ertragswert, dem Verkehrswert oder einer Kombination daraus.

Grundsätzlich gilt die **Steuerprogression**. Das heißt: Je wertvoller die Liegenschaft desto höher die Steuer. Nur gut ist die Erbschaftssteuer in den meisten Kantonen, so auch im Kanton Zürich, abgeschafft worden.

Weitere Informationen erhalten Sie unter:

http://www.hausinfo.ch und
http://www.baudoc.ch

AUF DEN PUNKT GEBRACHT

- **Abzüge**: Sie sind aus sozialpolitischen Überlegungen zugelassen und werden auch sozialpolitische Abzüge genannt. Mögliche Abzüge: Versicherungsprämien, Krankheitskosten, Abzug für gemeinnützige Zuwendungen, Beiträge an die berufliche Vorsorge, Abzug für Alimente.
- **Bundessteuer/Direkte Steuer**: Die Veranlagung folgt durch den jeweiligen Kanton.
- **Doppelbesteuerung**: Die Schweiz hat mit über 50 Staaten, darunter alle EU-Staaten und die USA, ein Doppelsteuerabkommen abgeschlossen. Das heißt: Ein Einkommen soll nicht in zwei Staaten versteuert werden. In der Schweiz dürfen die Einkünfte einer Person nicht in zwei Kantonen versteuert werden.
- **Eigenmietwert**: Die unentgeltliche Nutzung einer eigenen Wohnung, eines Stockwerkeigentums, eines Hauses oder Liegenschaft wird als Eigenmietwert bezeichnet und als "Natural"-Einkommen besteuert.
- **Einfache Staatssteuer**: Das steuerbare Einkommen oder Vermögen wird mit festgelegtem Steuersatz multipliziert. Diese Staatssteuer wird mit dem betreffenden gültigen Staats-, Gemeinde- und Kirchensteuerfuß multipliziert.
- **Einkommenssteuer**: Sie ist Teil der Staatssteuer und auf Einkommen aus selbständiger oder unselbständiger Tätigkeit oder Erträgen aus beweglichen und unbeweglichen Vermögen erhoben.
- **Erbschaftssteuer**: Sie wird auf geerbte Vermögenswerte erhoben. Zuständig ist der betreffende Kanton.

- **Gemeindesteuer**: Sie zielt auf Einkommen und Vermögen der natürlichen Person und auf Gewinn und Kapital juristischer Personen.
- **Gewinnsteuer**: Sie ist Teil der Staatssteuer und fokussiert auf den Reingewinn juristischer Personen.
- **Grundstücksgewinnsteuer**: Wer beim Verkauf von Liegenschaften und Immobilien Gewinne erzielt, muss diese entsprechend versteuern.
- **Kirchensteuer**: Staatlich anerkannte Kirchengemeinden können von ihren Mitgliedern Steuern einfordern. Im Kanton Zürich sind anerkannt: die Kirchengemeinden der evangelisch-reformierten Landeskirche, die römisch-katholische Kirchengemeinden und die christkatholische Kirchengemeinde der Stadt Zürich.
- **Quellensteuer**: Sie wird direkt vom Arbeitgeber entrichtet und betrifft ausländische Personen, die in der Schweiz arbeiten und nur begrenzt hier wohnen – ohne Niederlassungsbewilligung. Darunter fallen oft Künstler, die in der Schweiz auftreten (Musiker, Showkünstler, Sänger etc.) und spielen (Schauspieler).
- **Staatssteuer**: Sie wird vom Einkommen und Vermögen (natürlicher Personen) oder vom Gewinn und Kapital (juristischer Personen) erhoben.
- **Steuerfuß**: Er wird von den Gemeinden festgesetzt.
- **Unterjährige Steuerpflicht**: Sie besteht nur für den Teil des Jahres, in dem ein Steuerpflichtiger hier ansässig war.
- **Vermögenssteuer**: Sie wird an dem Vermögen gemessen, und das entspricht der Differenz zwischen Aktiven und Schulden.

5. KAPITEL
DAS LAND TELLS – ANDERS BETRACHTET

Asterix war da und Cäsar hat sich über die Helvetier ausgelassen. Was weiß man aber über die Mannsbilder, die ihre Frauen am liebsten am Herd und nicht im Ring wähnten (einer männlich dominierten demokratischen Abstimmungszeremonie an der Landsgemeinde, die freilich abgeschafft wurde)? Die rauhen Recken haben gehauen und gestochen, sich als Landsknechte verdingt, sich in der Bastille aufgerieben und stehen bis heute als Gardisten in päpstlichen Diensten: Die Schweizer.

Römer und Helvetier

Sie sollen aus Süddeutschland ins Alpengebiet eingewandert sein, bedrängt um 100 Jahre v.Chr. von Kimbern und Teutonen, sie sollen dann weiter nach Südfrankreich gewandert sein. Gaius Julius Cäsar hat den keltischer Stamm der Helvetier in seinem Werk "De bello gallico" erwähnt. Ihr Siedlungsgebiet sei an einer Seite des Rheins, am Jura, am Genfersee und an der Rhone gewesen. Cäsar war ihnen auf den Fersen, hielt die Helvetier mit Verhandlungen hin und schlug dann bei Bibracte (Montmort, Burgund) zu. Er verschacherte Tausende von Kriegsgefangenen und zwang die Überlebenden zur Rückkehr in ihre Heimat Schweiz. Die römischen Eroberer und Zivilisationsvermittler haben bis heute Spuren in der Schweiz hinterlassen, sei es sprachlich oder architektonisch. Avenches verwandelt sommertags seine römische Arena zur Opernschaustätte (2007: "Aida" von Verdi), auch die Augusta Raurica wird zum belebten Amphitheater. Nach dem Untergang des Römischen Reiches besiedelten Burgunder und Alemannen das Gebiet der heutigen Schweiz. Es wurde Teil des Fränkischen Reiches, später des Heiligen Römischen Reiches Deutscher Nation. Adelsgeschlechter wie die Habsburger, Kyburger oder Lenzburger errichteten Burgen, die heute noch existieren. Die Zähringen legten Städte in Flussschlaufen an wie Bern oder Freiburg.

Der Rütli-Schwur

Wir wollen sein ein einzig Volk von Brüdern,
In keiner Not uns trennen und Gefahr.
Wir wollen frei sein, wie die Väter waren,
Eher den Tod, als in der Knechtschaft leben.
Wir wollen trauen auf den höchsten Gott
Und uns nicht fürchten vor der Macht der Menschen.

Die Urschweizer

Wer kennt nicht die Sage vom kühnen Armbrustschützen Wilhelm Tell, der Gesslers Hut nicht grüßte und daraufhin zum Apfelschuß antreten musste? Friedrich Schiller schuf mit seinem «Tell»-Drama von 1804 einen Nationalmythos, den viele für bare Münze nahmen und nehmen.

Ein Rückblick...

Anfang des 13. Jahrhunderts wurde die Region um die Waldstätten durch Eröffnung des Gotthardpasses wirtschaftlich und politisch interessant. Die Habsburger Herrscher setzten Vogte ein, um den

Alpenübergang und das Gebiet um den Vierwaldstättersee zu sichern. Die «fremden Fötzel» drangsalierten die Urner, Schwyzer und Unterwaldener und beuteten sie aus (Steuern!). Das wurmte die wackeren Bergler grausam. Und so begab es sich, dass die Mannsbilder konspirierten und Anno 1291 den Rütlischwur schworen, auf der Rütliwiese. Die kernigen Kerle begehrten auf, erhoben sich gegen die verhassten Landvogte Gessler und Landenberg und räumten auf. Das war die Geburtsstunde der Eidgenossenschaft, der Schweiz, so will es der Mythos. Der Rütlischwur wurde erstmals 1470 im weißen Buch von Sarnen erwähnt, ohne Datenangabe. Geschichtsschreiber Aegidius Tschudi setzte in seiner Schweizer Chronik dieses Datum auf den "Mittwoch vor Martini" 1307, also auf den 8. November 1307, fest. Ende des 19. Jahrhunderts wurde der Gründungsmythos umdatiert und auf das Jahr 1291 verlegt. Als Grundlage diente der Bundesbrief von 1291, in dem die drei Urkantone, wie erwähnt, einen Vertrag zum Schutze "alter Freiheiten" schlossen. Dies geschah nach dem Tode des deutschen Königs Rudolf I. von Habsburg. Derartige Bünde gab zwischen 1251 und 1386 viele, etwa 1315 der Bund von Brunnen, den manche Historiker als wahren Gründungsakt einstufen. Noch 1907 wurde in Altdorf das 600-jährige Bestehen der Eidgenossenschaft gefeiert. Tempi passati.

Der Rütli-Mythos wurde erneut im Zweiten Weltkrieg beschworen (Rütlirapport von General Guisan). Mit dem 650-Jahr-Jubiläum 1941 und der 700-Jahr-Feier 1991 haben sich Tell-Mythos und Rütlischwur endgültig als Geburtstag der Eidgenossenschaft etabliert, am 1. August.

Helvetia

"Heil Dir, Helvetia" klingt es patriotisch. Diese Zeile ist Teil der Schweizer Nationalhymne, die bis 1961 zur englischen Hymne "God Save the Queen" gesungen wurde.

"Rufst du, mein Vaterland,
Sieh uns mit Herz und Hand,
All Dir geweiht.
Heil Dir, Helvetia!"

Die Figur Helvetia ist eine Schöpfung des 18. Jahrhunderts, eine Allegorie. Die hehre Frauengestalt verkörperte die Helvetische Republik, die nur kurze Zeit existierte. Gleichwohl hielt sich die Bezeichnung Confoederatio Helvetica hartnäckig, bis auf den heutigen Tag auf Münzen. Nicht anders ist auch die offizielle Abkürzung und das nationale Autokennzeichen CH (eben Confoederatio Helvetica) zu erklären. Auf diese Weise hat Helvetia überlebt und sich versilbern lassen.

Schlachten und Bünde

1315 Schlacht bei Morgarten, 1386 bei Sempach (Winkelried!) und 1388 bei Näfels: Die Alpenrebellen siegten über die österreichischen Ritterheere. Luzern, Zürich, Glarus, Zug und Bern waren zum Bund der Waldstätte gestoßen, der Bund nannte sich Acht Alte Orte. 1415 wurden gar die Stammlande der Habsburger im Aargau erobert.

1436-1450 Alter Zürichkrieg: Querelen mit den Zürchern (schon damals!) führten zur zeitweisen Spaltung. Die Zürcher schlugen sich auf die Seite der Habsburger, mussten dann aber in den "Schoß" der Eidgenossenschaft zurückkehren.

1474 zogen die Eidgenossen auf Wunsch von Kaiser Friedrich III. gen Burgund und wüteten fürchterlich – erfolgreich. Bern und Fribourg expandierten. Das Waadtland wurde 1536 ganz erobert.

1499 Schwabenkrieg: Die Eidgenossen hatten ein starkes Selbstbewusstsein aufgebaut und strebten nach Unabhängigkeit. Sie widersetzten sich der Reichsform, die Kaiser Maximilian I. durchführte. Der Herrscher wollte die widerspenstigen Eidgenossen gefügig machen. Vergebens. Mit dem Frieden zu Basel erlangten die Schweizer ihre Unabhängigkeit vom Heiligen Römischen Reich Deutscher Nation.

1506 Eidgenössische Haudegen verdingten sich auch im Ausland. Papst Julius II. verpflichtete die Schweizergarde. Bis 1513 erhöhte sich die Eidgenossenschaft auf Dreizehn Orte. Ein lockeres Geflecht von Bündnissen zwischen 13 vollberechtigten Stadt- und Landorten. Oberitalien wurde dominiert, das Tessin annektiert.

1515 Schlacht von Marignano: Die Schweizer wurden von Frankreich geschlagen. Außenpolitik: Es begann das Zeitalter des "Stillsitzens", die Neutralitätspolitik. Man wurde praktisch ein französisches Protektorat.

Ulrich Zwingli leitete **1519** in Zürich die **Reformation** ein, Johannes Calvin setzte sie 1536-1541 in Genf durch. Es kam zu Glaubenskriegen (1529 und 1531 Kappelerkrieg, 1656 und 1712 Villmergerkriege). 1531 wurde ein Kompromiss geschlossen: Die Urkantone

Luzern, Zug, Solothurn und Freiburg blieben katholisch, Zürich, Bern, Basel, Schaffhausen und Teile Graubündens reformiert.

24. Oktober 1648 Westfälischer Frieden: Die Eidgenossen erlangten die völkerrechtliche Unabhängigkeit und Anerkennung ihrer Souveränität. Damit löste sich die Schweiz offiziell vom Deutschen Reich. Es herrschte das Ancien Regime, die Herrschaft des Adels.

1798 Einmarsch der Franzosen (Napoleon): Die Alte Eidgenossenschaft hatte unter der Fuchtel Napoleons ausgedient. Der große Franzose verordnete eine Helvetische Republik und einen zentralen Einheitsstaat nach französischem Vorbild. Die alten Orte wurden aufgehoben und zu neuen Verwaltungseinheiten, Kantone genannt, zusammengefügt. Das Volk murrte. Schließlich verfügte Kaiser Bonaparte 1803 eine neue föderalistische Verfassung (Mediationsakte) und die Kantone erhielten eine gewisse Autonomie zurück. Nach Napoleons Waterloo und dem Wiener Kongress, der Europa neu ordnete, wurde 1815 ein neuer Bundesvertrag installiert – mit souveränen Kantonen und schwacher Zentralgewalt. Die inneren und äußeren Grenzen der Schweiz wurden international anerkannt, die Schweiz auf eine "immer währende bewaffnete Neutralität" verpflichtet. Diesem Staatenbund gehörten die 19 Kantone der Meditation sowie neu Neuenburg, Wallis und Genf an. Der Kanton Jura kam erst 1979 dazu.

1847 Sonderbundskrieg: Ab 1830 gewannen liberale Ideen an Boden. Konservative und Reformer bekämpften sich bis aufs Blut. Die reformfeindlichen Sonderbundskantone (das waren die konservativ-katholischen Innerschweizer Kantone sowie Wallis und Fribourg) unterlagen 1847 im Sonderbundskrieg. 1848 wurde der Bundesstaat etabliert, die Autonomie der Kantone beschnitten, die Basis der heutigen Schweiz. Die Bundesverfassung wurde 1874 und 1999 total revidiert.

Rotes Kreuz und Schweizerkreuz

Manche verwechseln es, das Rote Kreuz und das Schweizerkreuz. Es unterscheidet sich nicht im Format, wohl aber in der Farbe...

Das Schweizerkreuz, also das Schweizer Banner, geht auf die alte Eidgenossenschaft zurück. Die Schwyzer, 1240 reichsfrei geworden, führten eine blutrote Flagge (ohne Kreuz). 1289 waren sie eine starke Stütze König Rudolf von Habsburg im Krieg gegen Burgund und durften fortan auf dem roten Feld ein weißes Kreuz führen. Erstmals tauchte das Kreuze aus weißen Stoffstreifen eidgenössisch, das heißt auch bei anderen Kantonen, in der Schlacht bei Laupen 1339 auf. Aber erst 1840 (auf Grund der Tagsatzung, das war die Konferenz der Kantonsregierungen) und 1847 (General Dufour und der Sonderbundskrieg) wurde die einheitliche Schweizerfahne als nationales Symbol auch von der konservativen Zentralschweiz angenommen. Das weiße Kreuz auf rotem Grund ist 1889 vom Bundesrat in seinen genauen Proportionen festgelegt und sanktioniert worden.

Neutralität war 1859 bei den Eidgenossen angesagt, als Österreich, Sardinien und Frankreich bei Solferino aufeinander prügelten. 160.000 Österreicher bekriegten sich mit 150.000 Sarden und Franzosen. Tausende von Verwundeten blieben auf dem Schlachtfeld zurück und sich selbst überlassen. Der Genfer Kaufmann Henri Dunant war Zeitzeuge und verarbeitete seine Eindrücke in einem Buch. Zusammen mit dem Schweizer General Dufour und weiteren Persönlichkeiten gründete Dunant daraufhin das Internationale Komitee vom Roten Kreuz (IKRK oder englisch ICRC). Unbewaffnete Menschen, die Verwundeten zu Hilfe kommen, sollten als neutral angesehen und nicht angegriffen werden dürfen. Überhaupt sollten Verwundete, so zusagen außer Gefecht gesetzt, unabhängig ihrer

Nationalität versorgt werden. Als Symbol wurde das Rote Kreuz auf weißem Grund eingeführt.

Anno 1864 bewog die Schrift Dunants den Schweizer Bundesrat, eine internationale Konferenz einzuberufen. Zwölf Teilnehmerstaaten unterzeichneten eine Konvention zur Milderung der vom «vom Krieg unzertrennlichen Übel». Diese Genfer Konvention von 1868 , 1919 und 1949 nachgebessert, bildete die Grundlage für das Rote Kreuz. Fahne und Symbol sind weltbekannt, werden aber immer wieder auch missachtet.

Die Schweiz als Depositarstaat der Genfer Konvention ist nicht nur moralisch verpflichtet, sich für die Einhaltung der Vereinbarungen einzusetzen. Diese humanitäre Mission ist tief in der Schweiz verankert. Man identifiziert sich mit der internationalen Institution in Genf und fühlt sich als Gutmensch. Das äußert sich in aktivem Einsatz fürs Rote Kreuz, aber häufig auch in Sammelaktionen fürs Ausland, etwa bei Umweltkatastrophen. Da werden die Schweizer zum Sammelweltmeister. Immer wieder bietet die Schweiz sich als neutrales Territorium für internationale Verhandlungen an, eine geschützte Plattform für Annäherungen befeindeter Parteien oder Staaten.

Die Schweizerische Eidgenossenschaft

Der Name Schweiz leitet sich vom Kantonsnamen Schwyz ab, der quasi ins Hochdeutsche "übersetzt" und für die gesamte Eidgenossenschaft eingebürgert wurde. Die Schweiz ist zwischen Bodensee und Genfersee und Lago Maggiore beheimatet, umfasst 41.285 Quadratkilometer Fläche und eine Grenzlänge von 1.857,9 Kilometer. Hauptstadt ist Bern (Zürich ist nur die Bankenhauptstadt). Die Einwohnerzahl beträgt rund 7,5 Millionen Menschen, davon rund 20 Prozent Ausländer. Die Schweizerische Eidgenossenschaft[15] ist Mitglied der UNO (seit 2002), der EFTA, des Europarats und der WTO (seit 1959).

Alljährlich wird der 1. August (Nationalfeiertag) in Dörfern und Städten und auf der Rütliwiese gefeiert. Der Traditionsakt (Reden!) auf der legendären Wiese oberhalb des Vierwaldstättersees stand jedoch in letzten Jahren unter keinem glücklichen Stern. Rechtsradikale sorgten für Schikane. Es wurde studiert auf politischer Ebene (d.h. beraten), nun wird kontrolliert (handfest). Radikale sollen gefälligst rechts außen, also draußen bleiben. In diesem Jahr 2007 sollte der Festakt im Zeichen der Frauen stehen, hat die Bundespräsidentin Micheline Calmy-Rey angeregt.

Es war ein langer, aber erfolgreicher Weg von den Innerschweizer Rebellen am Vierwaldstättersee, ihren Siegen über die Mächtigen bis zum Bundesstaat von 1848. Im Mittelalter wähnten sich die Eidgenossen als «auserwähltes Volk». Diese Einschätzung ist durchaus auch heute noch spürbar. Herr und Frau Schweizer fühlen sich wohl als Insulaner mit dem Schweizerpass inmitten eines wachsenden Europas. Man ist stolz auf den Franken (er ist hart wie ein

[15] Conféderation suisse oder Confederzione Svizzera, Confederaziun svizra /Rumantsch/Rätoromanisch oder Confoederatio Helvetica/Lateinisch

Granitbrocken vom Gotthard), auf die Neutralität, das tadellose Eisenbahnnetz (zurecht!), auf Eigenart und Vielfalt.

Bundesverfassung 1999

Präambel

Im Namen Gottes des Allmächtigen!
Das Schweizervolk und die Kantone,
in der Verantwortung gegenüber der Schöpfung,
im Bestreben, den Bund zu erneuern, um Freiheit und Demokratie, Unabhängigkeit und Frieden in Solidarität und Offenheit gegenüber der Welt zu stärken,
im Willen, in gegenseitiger Rücksichtnahme und Achtung ihre Vielfalt in der Einheit zu leben, im Bewusstsein der gemeinsamen Errungenschaften und der Verantwortung gegenüber den künftigen Generationen, gewiss, dass frei nur ist, wer seine Freiheit gebraucht, und dass die Stärke des Volkes sich misst am Wohl der Schwachen, geben sich folgende Verfassung.

Die schweizerische Eidgenossenschaft **schützt die Freiheit** und die Rechte des Volkes und wahrt die **Unabhängigkeit und die Sicherheit** des Landes. Sie **fördert die gemeinsame Wohlfahrt**, die nachhaltige Entwicklung, den inneren Zusammenhalt und die **kulturelle Vielfalt** des Landes. Sie sorgt für eine möglichst große **Chancengleichheit** unter den Bürgerinnen und Bürgern. Sie setzt sich ein für die dauerhafte **Erhaltung der natürlich Lebensgrundlagen** und für eine friedliche und gerechte internationale Ordnung.

Einheitlicher Wirtschaftsraum

Zurück ins 19. Jahrhundert. Die neue Verfassung schuf, wie von den liberalen Kantonen angestrebt, einen einheitlichen Wirtschaftsraum. Dem Bund wurden Kompetenzen über Außenpolitik, Zoll, Post Münzwesen, Maß, Gewicht und Militär übertragen. Gewaltenteilung ist bis heute die wichtigste demokratische Basis. So sind Staat und Behörden bis dato organisiert: der Bundesrat (vergleichbar mit der deutschen Bundesregierung) mit entsprechenden Departementen – Nationalrat (Parlament) – Ständerat (Bundesrat in Deutschland) – Bundesgericht. Das Zweikammersystem – Parlament und Ständerat – wurde als Stärkung des föderalistischen Systems angelegt.

Gründerzeiten

Die Integration der Katholiken in den neuen Bundesstaat manifestierte sich 1891 praktisch mit der Wahl des ersten Katholiken in den Bundesrat (mit den Frauen ging es etwas länger). Erst 1984 wurde die erste Bundesrätin, Elisabeth Kopp, gewählt und gesellte sich zum "Männerklub", scheiterte aber ein paar Jahre später aufgrund einer Indiskretion. Mit dem Wandel vom Agrar- zum Industriestaat im 19. Jahrhundert verschärften sich gesellschaftliche Probleme und Gegensätze. Die Schweizer Bevölkerung verdoppelte sich innerhalb eines Jahrhunderts von 1,7 Millionen Seelen (1800) auf 3,3 Millionen (1900) Einwohner. Es entstanden zwar gewisse punktuelle Fabrikationszentren wie im Tösstal (Textilindustrie) oder im Jura (Uhrenindustrie). Große industrielle Ballungsräume aber wie beispielsweise das Kohlenpott kennt die Schweiz nicht. Dazu fehlten auch eigene Rohstoffe. Industriepioniere drückten dieser Zeit und der Schweiz ihre Stempel auf. Unternehmer Escher-Wyss (ab 1835 Bau von Dampfmaschinen, Dampfturbinen, Schiffbau),

Hans Conrad Escher von der Linth (Bau des Molliser- und des Linthkanals zwischen Walen- und Zürichsee) oder Brown, Boveri & Cie, das elektrotechnische Unternehmen wurde 1891 in Baden gegründet.

Mitte des 19. Jahrhunderts gab's einen Pionier, der als "Eisenbahnbaron" in die Geschichte eingegangen ist. Alfred Escher, Direktor der größten Eisenbahngesellschaft, der Nordostbahn, gründete 1856 die Schweizerische Kreditanstalt, welche Industrie und Eisenbahnbau mit Kapital versorgen sollte. Er schob das Gotthard-Projekt an, wurde 1871 Präsident der Gotthardbahn-Gesellschaft. Gut zehn Jahre später war's geschafft: Die Gotthardlinie konnte 1882 ihren Betrieb aufnehmen. Die Basis zum hervorragenden Schweizer Eisenbahnnetz ist im 19. Jahrhundert gelegt worden.

Widerstand und Anpassung

Zu Beginn des 20. Jahrhunderts verschärften sich die Gegensätze zwischen Bürgertum und Arbeiterklasse, so auch beim Landesstreik 1918. Der "Bürgerblock" wies die Arbeiter in die Schranken – dank eines Armee-Einsatzes. Es kam zu Gewaltakten.

In den Zwanzigerjahren kämpften vier Parteien um die Regierungsmacht: der Freisinn (Liberale/FDP), die Konservativen (CVP), die Vertreter der Bauern, Bürger und Gewerbetreibenden (SVP) und die Partei der Arbeiter, die Sozialdemokraten eben (SP). Die Kommunisten (Partei der Arbeit, PdS) spielte nie eine große Rolle. Die Parteikonstellation FDP, CVP, SVP und SP ist bis heute staatstragend.

Den Ersten wie Zweiten Weltkrieg überstand die Schweiz unbeschadet. Man zog sich in die Neutralitätsnische zurück und setzte

1914 mit der “Grenzbesetzung” ein Zeichen: Bis hierher und nicht weiter!

Im Zweiten Weltkrieg gab das Militär die Parole einer Rückzugsstrategie aus. Die Armee verschanzte sich in den Alpen (Reduit). Die Politiker verfolgten eine Doppelstrategie, und die hieß „Widerstand und Anpassung“. Die Bevölkerung wurde zur “Geistigen Landesverteidigung” aufgerufen. So kam es zur friedlichen “Anbauschlacht”, um die einheimische Ernährungskette zu stärken. Es wurde um jede Erdkrume “gekämpft”, beispielsweise auf dem Zürcher Sechseläutenplatz, dort wurden Härdöpfel (Kartoffeln) angebaut.

Wirtschaftsführer machten indes Geschäfte mit den Nationalsozialisten, findige Schweizer erfanden den Judenstempel und machten die Grenzen dicht. Es wurden zwar Flüchtlinge aufgenommen, doch viele Juden und andere politisch Verfolgte wurden abgewiesen. Ein Bundesrat prägte das Wort “Das Boot ist voll”. Die Verantwortlichen überließen Tausende von Verfolgten ihrem Schicksal.

Aus heutiger Sicht ist diese Asyl- und Flüchtlingspolitik in den Dreißiger- und Vierzigerjahren opportunistisch und inhuman gewesen. Man wollte das großdeutsche Hitlerreich nicht provozieren, hieß es. Die Schweiz hielt sich aus dem Krieg, den Nazideutschland 1939 angezettelt hatte, heraus und wahrte seine Souveränität. Die Wirtschaft lieferte den deutschen Kriegsherren Waffen und Munition. Man kassierte in der Schweiz (auch Raubgold), handelte mit jüdischem Gut (Kunstwerke) und blieb von den Nazis mehr oder weniger unbehelligt. Die Doppelstrategie zwischen Widerstand und Anpassung war erfolgreich. Man war mit sich zufrieden.

Neutralität als Promotion

Nach dem Zweiten Weltkrieg war die Schweiz außenpolitisch isoliert. Man empfand seitens der Siegermächte, die Schweiz hätte mit den Achsenmächte kollaboriert. Um den wirtschaftlichen Anschluss nicht zu verpassen, schloss die Schweiz das Washingtoner Abkommen. Man zahlte 250 Millionen Franken – als Entschädigung für die Raubgoldgeschäfte der Nationalbank mit Nazideutschland und als Beitrag zum Wiederaufbau Europas. Die Schweiz engagierte sich in verschiedenen internationalen Organisationen (OECD, EFTA), bot gute Vermittlerdienste und Standorte für Internationale Organisationen an. Gern argumentiert man mit der etablierten und gepriesenen Neutralitätsstellung und fährt international gut dabei. Nach dem Zusammenbruch der UdSSR und des Ostblocks und des Ende des Eisernen Vorhangs war Offenheit gefordert. Aufgrund des amerikanischer Drucks und der Forderung geschädigter Überlebender wurde die Schweiz quasi genötigt, ihre Archive 50 Jahre nach Kriegsende zu öffnen und sich mit der jüngsten Vergangenheit auseinander zu setzen. Internationale, aber auch nationale Kritik stieß in den Neunzigerjahren auf Ablehnung und Empörung bei der Aktivdienstgeneration.

Ein gut schweizerischer Kompromiss: 1995 entschuldigte sich der Bundespräsident im Zusammenhang mit der Einführung des Judenstempels, dankte aber gleichzeitig der Kriegsgeneration für Durchhaltewillen, Widerstandskraft, Entbehrungsbereitschaft und mehrheitlichen Ablehnung der Naziideologie.

Abgeltung von Klagen

Im Oktober 1996 hatten Überlebende eine Sammelklage gegen schweizerische Großbanken eingereicht. 1998 kam es zum Vergleich: Die Großbanken waren bereit, einen Schadensersatz über 1,25 Milliarden US-Dollar zu leisten. Mit dieser Summe befreiten sich die Schweizer Banken, Schweizer Industrieunternehmen und staatliche Stellen von weiteren Klagen im Zusammenhang mit dem Zweiten Weltkrieg. 1997 richtete der Bundesrat einen Schweizer Fonds zugunsten der Holocaust-Opfer ein. Bedürftige Personen beziehungsweise deren Nachkommen, die vom Naziregime verfolgt worden sind oder auf andere Weise Opfer wurden, sollten so unterstützt werden. Rund 280 Millionen Franken wurden an einzelne Personen und an Partnerorganisationen überwiesen.

Eine unabhängige Expertenkommission, 1996 vom Bundesrat eingesetzt, sollte mit den nachrichtenlosen Vermögen von Naziopfern, Raubgut (Kunstgüter), Goldtransaktionen der Reichsbank und der schweizerischen Flüchtlingspolitik befassen. Am 22. März 2002 wurden die Studien und Berichte der Bergier-Kommission der Öffentlichkeit übergeben.

Die Eingliederung der Schweiz in Europa hielt sich in Grenzen – bis heute. Der Vorstoß, dem europäischen Wirtschaftsraum beizutreten, wurde 1992 abgelehnt. Auch ein potentieller UNO-Beitritt fand 1986 vor dem Volk keine Gnade. Erst 2002 wurde der UNO-Beitritt knapp angenommen. Ein Großteil der Deutschschweizer (Land-)Bevölkerung will sich nach wie vor abgrenzen, lieber eine Insel in Europa bleiben und dem eigenen Franken (statt dem Euro) frönen. Man fürchtet um Eigenständigkeit, Wohlstand und Überfremdung. Die französischsprachige Westschweiz sieht das anders. Und so kommt es bei Abstimmungen immer wieder zu tiefen Diskrepanzen zwischen der Deutsch- und der Welschschweiz. Der so genannte Röschtigraben ist nicht überwunden und wird nur stellenweise überbrückt. Manches dauert in der Schweiz eben etwas länger. So wurde auch erst 1971 in einer Volksabstimmung den Frauen ihr Stimmrecht zugebilligt.

SCHWEIZER CHRONIK | AUF EINEN BLICK

1291	Sagenhafte Gründung der Eidgenossenschaft: Uri, Schwyz und Unterwalden schließen einen Bund.
1315	Die drei Waldstätte widerstehen den Österreichern bei Morgarten.
1332-1353	Der Bund der Eidgenossen umfasst nun acht Orte: Luzern, Zürich, Glarus, Zug und Bern kommen hinzu.
1386	Schlacht bei Sempach: Sieg gegen Habsburg und Österreich (Arnold von Winkelried aus Nidwalden stürzte sich todesmutig mit einem Speerenbund ins Getümmel und opferte sich).
1388	Schlacht bei Näfels: Sieg gegen die Österreicher.
1474-1477	Erfolgreiche Kriege gegen Burgund. Die Eidgenossenschaft wird eine militärische Großmacht.
1499	Schwabenkrieg: Reichsunabhängigkeit.
1481-1513	Erweiterung des Bundes auf 13 Orte.
1515	Schlacht bei Marignano: Ende der Großmachtträume. Reformation: Zwingli in Zürich (1523-1525), Calvin in Genf (1541/42).

1529, 1531	Kappelerkriege (Glaubenskriege). Kappeler Mehlsuppe
1648	Westfälischer Friede. Schweiz wird als eigenständiger Staat anerkannt.
1656, 1712	Villmergerkriege (Glaubenskriege).
1798	Helvetische Revolution und Helvetische Republik.
1803	Mediation (föderalistische Verfassung).
1815	Restauration.
1847	Sonderbundskrieg: Konservative Katholiken erlitten Schiffbruch.
1848	Bundesverfassung: Geburt des modernen Bundesstaates.
1891	Einführung der Volksinitiative.
1898	Geburt der Schweizerischen Bundesbahnen (SBB).
1918	Generalstreik: Die Streikleitung fordert das Frauenstimmrecht, die Einführung der 48-Stunden-Woche. Der Bundesrat setzt Militär ein.
1920	Beitritt zum Völkerbund.
1943	Erster Bundesratssitz für die Sozialdemokraten.
1947	Einführung der Alters- und Hinterlassenenversicherung (AHV).
1959	Geburtsstunde der "Zauberformel": Je 2 Vertreter der FDP, CVP, SO und 1 Vertreter der SVP.
1970	"Schwarzenbach-Initiative": Gegen Überfremdung der Heimat. Vom Volk abgelehnt.
1971	Einführung des Frauenstimmrechts.
1978	Bildung des Kantons Jura.

1998	Abschluss der bilateralen Verträge zwischen der Schweiz und EU. Annahme durchs Volk (2000).
2002	Beitritt zur UNO (als 190. Mitglied).
2005	Zustimmung des Volkes zum Abkommen von Schengen und Dublin.
2003	Neue "Zauberformel" des Bundesrates: Zusammensetzung 2 SVP (Schweizerische Volkspartei) 2 SP (Sozialdemokratische Partei) 2 FDP (Freisinnig-Demokratische Partei) 1 CVP (Christlichdemokratische Partei).

6. KAPITEL

MULTIKULTI ODER DIE VIELFALT VON AUSSEN UND INNEN

Sie heißen Türkilmaz, Yakin oder Sforza und haben sich um den Schweizer Fußball verdient gemacht. Ein hoffnungsvoller Kicker ist Ivan Rakitic aus dem Aargau, der beim FC Basel spielt, ein anderer Blerim Dzemaili, der es vom FC Zürich zu den Bolton Wanderers zieht. Beides Hoffnungsträger der Schweizer Nati (Nationalelf). Und der Verbandspräsident des Schweizerischen Fußballverbandes (SFV) hört auf den schier unaussprechlichen Namen Ralph Zloczower. Schweizer notabene. Ihre Namen mögen fremdländisch klingen, werden aber, wenn sie denn als Spitzensportler unter Schweizer Flagge segeln, von den Fans vereinnahmt und gefeiert. Aber es gibt auch Schattenseiten im Alltag. Geschlechternamen (das sind Familiennamen) wie Petrovic oder Slobovic müssen mit Vorurteilen rechnen – nicht nur bei Bewerbungen. Exilanten aus dem ehemaligen Jugoslawien, kurz als Jugos etikettiert, haben keinen guten Ruf in der Deutschschweiz. Wenn einer als Drogenhändler erwischt wird, ist man schnell mit Vorurteilen bei der Hand. Wenn einer kriminell wird, sind's schnell mal alle. Und die ehrlichen, strebsamen, schweizerisch eingestimmten Serben, Kroaten oder Kosovo-Albaner haben den Schaden – nicht nur bei der Stellensuche, sondern auch beim Einbürgerungsverfahren in gewissen Gemeinden.

Ausländer raus!

Ein ewiges Thema in der Schweiz sind die Ausländer. Das Wort «Das Boot ist voll» wurde während der Judenverfolgung geprägt. Und es macht wieder die Runde, angesichts der Masse von Ex-Jugoslawen, von Muslimen und Menschen aus fremden Kulturen. Fremde, die sich freiwillig anpassen und nicht provozieren (Kopftuch-Diskussion etc.), wie beispielsweise die fleißigen Tamilen, hat man akzeptiert. Man nimmt sie kaum noch wahr. Andere vom Balkan, pauschal Jugos genannt, werden beargwöhnt, verdächtigt und gerne zu Bösewichten abgestempelt. Da heißt es schnell: Ausländer raus – wenn doch jeder Fünfte ein Ausländer ist!

Nicht zum ersten Mal. 1960 waren rund 60 Prozent der Ausländer Italiener. 1970 lebten über eine Million Ausländer in der Schweiz. Das war konservativ-bürgerlichen Leuten zuviel. Bereits 1965 wurde die erste "Überfremdungsinitiative" lanciert. Die zweite, die "Schwarzenbach"-Initiative wurde 1970 abgelehnt. Es sollten drei weitere folgen. 1970 wurde die so genannte Kontingentierung (Jahresaufenthalter und Saisonniers) eingeführt. 1991 erreichen Asylgesuche (40.000 pro Jahr) eine Höchstmarke, auch infolge des Bürgerkriegs in Jugoslawien. 1994 stellen Italiener mit 28 Prozent noch immer den Hauptteil der Ausländer, 21 Prozent stammen aus Ex-Jugoslawien. Im Jahr 2004 stammten 87 Prozent aller Immigranten aus Europa, 13,1 Prozent aus Serbien und Montenegro. Ein Viertel der Ausländer wurden in der Schweiz geboren.

Aus dem großen Kanton

Die Menschen aus dem großen Kanton (sprich Deutschland), also wir, werden akzeptiert, aber misstrauisch beäugt und heimlich bewundert – wegen Eloquenz, Tüchtigkeit, Durchsetzungsvermögen und Effizienz. Die Alpenrepublik zwischen Sitten und St. Gallen, Stein am Rhein und Ascona fühlt sich infiltriert und bedrängt. Das führt zu einer Art Reduit-Mentalität, die eine volkstümliche Partei wie die SVP schürt und ausnützt. Die Deutschen, so der Tenor, sind ja sympathisch und nett als zahlende Gäste, aber als Arbeitnehmer zu selbstbewusst, arrogant, zu laut, ist immer zu hören und zu lesen, natürlich auch zuverlässig und fleißig. Die Schwaben (damit sind auch Hessen, Rheinländer oder Norddeutschem, eben alle Deutsche gemeint) nähmen den Schweizern Jobs weg, monieren Stammtisch-Stimmen. Quatsch. Deutsche Arbeitskräfte sind gut gelitten, weil sie freundlich und kompetent sind. Heimlich stöhnt der Schweizer: Wenn die Schwaben nur nicht so selbstsicher wären und viel besser Deutsch sprechen würden als wir Schweizer!

Arbeitsklima

Die Arbeitsbedingungen in der Schweiz seien "Spitze", die Arbeitszufriedenheit mit 91 Prozent ist sehr hoch. Dies ist das Resultat einer Umfrage, die von der Europäischen Stiftung zur Verbesserung der Lebens- und Arbeitsbedingungen in 31 europäischen Ländern im Jahr 2005 durchgeführt wurde. Nur Norwegen, Dänemark und Großbritannien liegen in dieser Studie vor der Schweiz, die zum ersten Mal daran teilnahm. Der Schweizer Bericht wurde vom Staatssekretariat für Wirtschaft (Seco) in Zusammenarbeit mit der Fachhochschule der Nordwestschweiz erarbeitet. Erstaunlich: 88 Prozent der Befragten gaben an, dass sich ihre Arbeitszeiten gut bis sehr gut mit familiären oder sozialen Verpflichtungen verbinden ließen. Im europäischen Vergleich sind dies nur 78 Prozent, welche mit der Vereinbarkeit zufrieden sind. Die Studie zeigte aber auch auf, dass Chefpositionen in der Schweiz eher selten mit Frauen besetzt sind, nämlich nur jeder fünfte (im europäischen Schnitt ist das hingegen fast jeder vierte Chefposten).

Gleichwohl ist die Fluktuation in der Schweiz groß. Fast jeder Zehnte wechselt im Laufe eines Jahres seinen Job (2005 waren dies hochgerechnet 300.000 Stellenwechsel). Als Hauptgrund für eine Kündigung wird Unzufriedenheit mit der Arbeit genannt (starre Arbeitszeiten, unflexible Arbeitsbedingungen, tiefe Stundenlöhne, regelmäßige Überstunden). Über 60.000 Angestellte äußerten sich in dieser Richtung. Die Studie des Forschungsinstituts für Arbeit und Arbeitsrecht der Universität St. Gallen zeigt auch auf, dass jeder dritte Jobwechsel vom Arbeitgeber ausging, knapp 44.500 Menschen wurden 2005 entlassen.

Die größte Wechselrate verzeichnet das Gastgewerbe (17,9 Prozent), es folgen Bau- (12,3 Prozent) und Handelsgewerbe (11,3 Prozent). Die größten "Hockenbleiber" sind einmal mehr die Beamten (öffentliche Verwaltung: 5,9 Prozent). Aber auch Angestellte in der Chemieindustrie (6,6 Prozent) und im Lehrerwesen (8,2 Prozent) beweisen Stellentreue.

Tipps einer Schweizerin

Liebe Deutsche,

Schön, dass es Euch zu uns in die Deutschschweiz zieht!!

Wir erachten das als ein Kompliment, denn Eurem Entschluss zu uns zu kommen um bei uns zu arbeiten und zu wohnen, liegt bestimmt mehr als die Aussicht auf unsere relativ guten Gehälter zu Grunde.

Deutsche und Deutschweizer Eigenheiten sind sich wohl sehr nah, so dass ein schnelles Einleben und hoffentlich auch Zuhausefühlen nicht allzu schwierig sein dürfte.

Allerdings ist das Vertraute in unserer beiden Charaktereigenschaften (Gründlichkeit, Verlässlichkeit, Fleiß etc.) auch manchmal eine Falle! Es könnte Sie dazu verleiten, die Sensoren, die wir üblicherweise brauchen, wenn wir in einer uns fremden Umgebung sind, nicht mehr zu gebrauchen. Und das kann schnell zu Missverständnissen und Ablehnung führen.

1. Tipp: Autopilot ausschalten! Sensoren ausfahren! Wir Schweizer bewundern die Eloquenz der Deutschen, und wir sind zugegeben auch etwas neidisch. Auf der andern Seite lieben wir unsere Dialekte, sie geben uns unsere Identität.

2. Tipp: Wenn wir uns bemühen, Hochdeutsch zu sprechen, mag das in Ihren Ohren niedlich oder holperig oder unbeholfen klingen. Vermeiden Sie den Fehler zu glauben, Ihr Gegenüber wäre deswegen weniger klug als Sie!

Das Schweizerdeutsche ist voll von Diminutiven, doch Achtung und Respekt ist gleichwohl angebracht!

3. Tipp: Bei Fränkli und Räppli zeigen wir wenig Humor. Zu ernst ist uns wohl die Angelegenheit Geld. Darum, vermeiden Sie diese Ausdrücke, es bleibt besser bei Franken und Rappen.

Wenn Sie nicht aus dem süddeutschen Raum stammen, werden Sie wohl am Anfang «Bahnhof» verstehen. Unser Dialekt ist Ihnen fremd. Doch nach ein paar Wochen, wenn Sie sich nicht nur mit andern Deutschen umgeben, werden Sie unseren Dialekt mehr und mehr verstehen.

4. Tipp: Außer ein paar Ausdrücken (beispielsweise. Grüezi!) versuchen Sie besser nicht (sofort) unsern Dialekt zu sprechen. Sie werden höchstwahrscheinlich einen starken Akzent beibehalten, und so fühlen sich manche Deutschschweizer veräppelt.

5. Tipp: Sobald Sie unseren Dialekt einigermaßen verstehen, bieten Sie Ihrem Schweizer Gegenüber an, Mundart zu sprechen. Vielen wird dann die Konversation mit Ihnen leichter fallen.

Auch wenn es sich allmählich wandelt, so gilt in der Schweiz Bescheidenheit und Zurückhaltung nach wie vor als eine Zier. Aufschneidereien (Was bin ich doch für ein toller Typ!) und Prahlereien (Mein Haus in Florida, meine Jacht im Mittelmeer...) werden nicht geschätzt. Solche Bemerkungen gelten meistens als ausgesprochen geschmacklos.

6. Tipp: Mit leichtem Unterstatement kommen Sie besser an!

Schweizer sind nicht berühmt dafür, den Fremden (das kann auch der Landsmann aus dem Tessin oder der Romandie sein!) mit offenen Armen zu empfangen. Oft wird erst mal abgewartet und beobachtet.

7.Tipp: Weshalb machen Sie nicht den ersten Schritt? Sprechen Sie Ihren Nachbarn an und bitten Sie um eine Auskunft. Sie wird Ihnen gerne erteilt und das Eis beginnt zu schmelzen...

Irène Meier

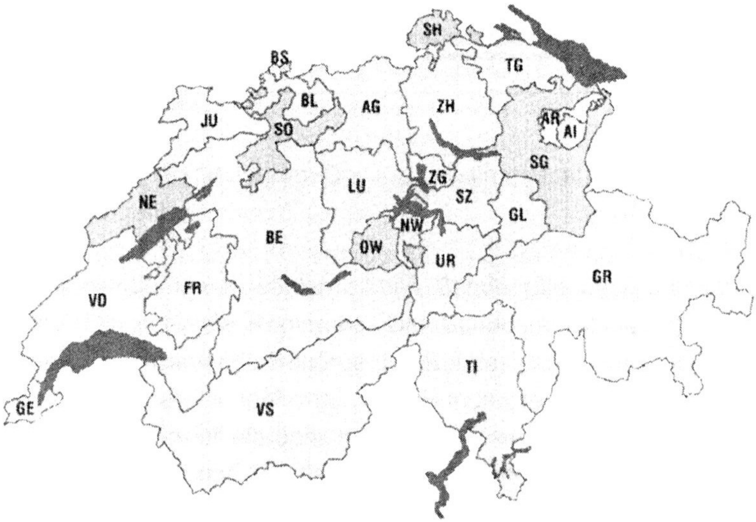

AG = Aargau
AI = Appenzell I.-Rh.
AR = Appenzell A.-Rh.
BE = Bern
BL = Basel -Landschaft
BS = Basel-Stadt
FR = Freiburg
GE = Genf
GL = Glarus
GR = Graubünden
JU = Jura
LU = Luzern
NE = Neuenburg
NW = Nidwalden
OW = Obwalden
SG = Sankt Gallen
SH = Schaffhausen
SO = Solothurn
SZ = Schwyz
TG = Thurgau
TI = Tessin
UR = Uri
VD = Waadt
VS = Wallis
ZG = Zug
ZH = Zürich

7. KAPITEL

“HÄSCH GWÄHLT?” DIE SCHWEIZ – POLITISCH GESEHEN

Politisches System

Die Schweiz ist ein Bundesstaat und stolz darauf, eine direkte Demokratie zu pflegen und zu unterhalten. Das heißt: Das Volk kann nicht nur über Wahlen, sondern auch über Abstimmungen, über Initiativen und Referenden Einfluss auf die Politik – von der Gemeinde bis zur Bundesebene – nehmen. Der ausgeprägte Föderalismus stärkte die 26 Kantone. Sie nehmen alle Aufgaben wahr, die in der Verfassung nicht explizit dem Bund zugeordnet wurde. Anders als in Deutschland oder England sind alle großen Parteien SP, CVP, FDP und SVP in der Regierung vertreten und so in der Exekutive eingebunden. Die Schweiz versteht sich als neutraler Staat – und nimmt gleichwohl Partei für einen liberalen demokratischen und kapitalistischen Westen.

Die Schweiz hat das Phänomen der direkten Demokratie auf ihr Schild gehoben und leistet damit manchmal auch einem etwas kleinkarierten Bürgerverständnis Vorschub. Dies ist auch einer der Gründe, dass noch immer breite Bevölkerungsteile (vor allem in der Deutschschweiz) einem Beitritt zur EU skeptisch bis feindlich gegenüber stehen. Konservative Kräfte (SVP) wollen sich nicht von Brüssel vereinnahmen lassen, aber gleichwohl von der Europäischen Gemeinschaft und einem liberalen Euro-Wirtschaftsraum profitieren.

Staatszweck

Der Staat soll Bürgerinnen und Bürgern dienen. Auch wenn das heute manchem anders erscheint – angesichts eines kostspieligen schwerfälligen Verwaltungsapparats und einer stoischen, bisweilen sturen Beamtenschaft, die Verordnungen um Verordnungen produziert. Nun denn, die Schweizer Bundesverfassung definiert den Staatszweck in Artikel 2:

1. Die Schweizerische Eidgenossenschaft schützt die Freiheit und die Rechte des Volkes und wahrt die Unabhängigkeit und die Sicherheit des Landes.

2. Sie fördert die gemeinsame Wohlfahrt, die nachhaltige Entwicklung, den inneren Zusammenhalt und die kulturelle Vielfalt des Landes.

3. Sie sorgt für eine möglichst große Chancengleichheit unter den Bürgerinnen und Bürgern.

4. Sie setzt sich ein für die dauerhafte Erhaltung der natürlichen Lebensgrundlagen und für eine friedliche und gerechte internationale Ordnung.

Da ist noch einiges zu tun. Vor allem im Bereich Gleichstellung. Aber man ist auf dem Weg.

Kantone

Die Schweiz ist eine repräsentative direkte Demokratie. Sie gliedert sich seit 1979 (Jura) in 26 Kantone:[16]

Zürich	(ZH, 1351)	Appenzell...	
Bern	(BE, 1353)	- Ausserrhoden	(AR, 1513)
Luzern	(LU, 1332)	- Innerrhoden	(AI, 1513)
Uri	(UR, 1291)	St. Gallen	(SG, 1803)
Schwyz	(SZ, 1291)	Graubünden	(GR, 1803)
Obwalden	(OW, 1291)	Aargau	(AG, 1803)
Nidwalden	(NW, 1291)	Thurgau	(TG, 1803)
Glarus	(GL, 1352)	Tessin	(TI, 1803)
Zug	(ZG, 1352)	Waadt/Vaud	(VD, 1803)
Freiburg/Fribourg	(FR, 1481)	Wallis/Valais	(VS, 1815)
Solothurn	(SO, 1481)	Neuchâtel	(NE, 1815)
Basel-Stadt	(BS, 1501)	Genf /Genève	(GE,1815)
Basel-Landschaft	(BL, 1501)	Jura	(JU, 1979)
Schaffhausen	(SH, 1501)		

Nationalrat

Das Volk bestimmt in freien Wahlen alle vier Jahre seine parlamentarischen Vertreter. 200 Sitze werden im Nationalrat (NR), dem Schweizer Parlament, verteilt, unter den Kantonen und Halbkantonen im Verhältnis zu ihrer Wohnbevölkerung. Das Proporzsystem gilt seit 1919. Heute kommt auf je 36.000 Einwohner ein Nationalrat oder eine Nationalrätin. Wahlberechtigt sind alle Schweizer und

[16] Mit Kennzeichen und Jahresangabe der Kantonsgründung bzw. Eintritt in den Bund.

Schweizerinnen ab 18 Jahren. Das Frauenstimmrecht wurde freilich erst 1971 eingeführt.

Die Nationalräte/-innen wählen sieben Bundesräte oder Bundesrätinnen (Minister): die Regierung. Der Bundesrat ist die oberste leitende und vollziehende Behörde des Bundes. Aus dem Kreis der sieben Bundesräte/-innen wird der Bundespräsident oder die Bundespräsidentin für ein Jahr bestimmt. Er/sie führt ein Departement (Ministerium) und repräsentiert die Eidgenossenschaft nach Innen und Außen. Die Wiederwahl des Bundespräsidenten im folgenden Jahr ist ausgeschlossen. In der Regel erfolgt die Wahl in der Reihenfolge nach dem Amtsalter. Für das Jahr 2007 amtet dies Micheline Calmy-Rey als Bundespräsidentin.

Die Bundesverwaltung ist in sieben Departements (Ministerien) aufgeteilt, die jeweils ein Bundesrat leitet.

Ständerat

Wie die Bundesrepublik hat die Schweiz nach Vorbild der USA ein Zweikammersystem. Demnach repräsentiert der Nationalrat die Gesamtbevölkerung, der Ständerat (in Deutschland: Bundesrat) die Gliedstaaten, sprich Kantone (Länder). Beide Kammern sind im Gegensatz zu Deutschland gleichberechtigt. So kann ein Beschluss des Nationalrates nur umgesetzt werden, wenn auch der Ständerat zustimmt. Die Räte treten jährlich entsprechend den Jahreszeiten zu vier Sessionen im März, Juni, September und Dezember an. Der Ständerat hat 46 Sitze. Jeder Kanton kann zwei Ständeräte entsenden, in der in Regel vom Volk im Rahmen der Nationalratswahlen gewählt. Das bedeutet: Der Kanton Zürich mit über 1 Million Einwohner kann wie der Kanton Uri (rund 36.000 Einwohner) nur zwei Vertreter/-innen in den Ständerat entsenden. Den Halbkantonen OW, NW, BS, BL, AR und AI steht nur ein Ständerat zu. Die Amtsdauer beträgt vier Jahre.

Alle wichtigen Angaben über Bund und Bundesbehörden, Verordnungen und Gesetze erfahren Sie unter: http://www.admin.ch

Der Bund und die direkte Demokratie

Das Schweiz Volk ist mit weitgehenden Mitbestimmungsrechten gesegnet.

- **Wahlrecht**
  Alle Schweizerinnen und Schweizer ab 18 Jahren können an den Nationalrats- und Ständeratswahlen teilnehmen. Das trifft ebenso auf Kantonalrats- und Gemeindewahlen zu.

- **Stimmrecht**
  Die Stimmberechtigten können über bestimmte Vorlagen, beispielsweise einheitliche Krankenkasse, abstimmen. Für alle Änderungen der Verfassung sowie Beitritt zu bestimmten internationalen Organisationen gilt das obligatorische Referendum. Hierüber muss eine Volksabstimmung durchgeführt werden (so wurde der Betritt der Schweiz zur EWR abgeschmettert/abgelehnt).

- **Initiativrecht**
  Bürgerinnen und Bürger können einen Volksentscheid über eine Verfassungsänderung verlangen, dazu müssen 100.000 Unterschriften von Stimmberechtigten innerhalb von 18 Monaten gesammelt werden. Eine eingereichte Initiative wird oft mit einem Gegenvorschlag des Bundes-

rates beantwortet. Die Stimmberechtigten können für beide Vorschläge Ja stimmen. Volksinitiativen gehen von den Bürgern aus und gelten als Antriebselement der direkten Demokratie.

- **Referendum**
  Das Volk hat das Recht, über Parlamentsentschlüsse im Nachhinein zu befinden. Es kann zu einer Volksabstimmung kommen, wenn dazu 50.000 Unterschriften gesammelt werden (Frist: 100 Tage).

- **Petitionsrecht**
  Alle Bewohner der Schweiz, also nicht allein Stimmberechtigte, haben das Recht, schriftlich Bitten, Anregungen und Beschwerden an die Behörden zu richten. In der Regel wird jede Petition behandelt und beantwortet, auch wenn dies nicht vorgeschrieben ist.

Politische Organisation der Schweiz

- **Das Volk: der Souverän.**
  Diese oberste politische umfasst knapp 5 Millionen Bürgerinnen und Bürger, rund zwei Drittel der Wohnbevölkerung.

- **Das Parlament: die Legislative.**
  Der Nationalrat (Große Kammer: 200 Mitglieder) repräsentiert die Gesamtbevölkerung. Der Ständerat (Kleine Kammer: 48 Mitglieder) vertritt die 26 Kantone. Zusammen bilden sie die Vereinigte Bundesversammlung.

- **Die Regierung: die Exekutive.**
  Die Regierung besteht aus sieben Bundesräten beziehungsweise Bundesrätinnen sowie der Bundeskanzlerin/dem Bundeskanzler, gewählt von der Vereinigten Bundesversammlung für eine Amtsdauer über vier Jahre. Die aktuelle Bundespräsidentin (Bundespräsident) stammt aus dem Kreis des Bundesrates und amtiert für ein Jahr. Sie erfüllt besondere Repräsentationspflichten.

- **Das oberste Gericht: die Judikative.**
  Die oberste Rechtssprechung erfolgt durch das Bundesgericht in Lausanne, das Eidgenössische Versicherungsgericht in Luzern sowie durch das Bundesstrafgericht in Bellinzona.

Organisation des Bundes

- **Bundeskanzlei**
  Bereich Bundesrat, Planung und Strategie, Information und Kommunikation, Datenschutz.

- **Eidgenössisches Departement für auswärtige Angelegenheiten (EDA)**
  Diplomatische und konsularische Vertretungen der Schweiz im Ausland, Völkerrecht, Entwicklung und Zusammenarbeit.

- **Eidgenössisches Departement des Innern (EDI)**
  Gleichstellung von Frau und Mann, Kultur, Landesbibliothek, Bundesarchiv, Meteorologie und Klimatologie, Gesundheit, Statistik, Sozialversicherung, Bildung und

Forschung, Eidgenössische Technische Hochschulen, Heilmittelinstitut.

- **Eidgenössisches Justiz- und Polizeidepartement (EJPD)**
  Justiz, Polizei, Migration, Bundesanwaltschaft, Metrologie und Akkreditierung, Institut für Geistiges Eigentum, Asylrekurskommission, Institut für Rechtsvergleichung, Spielbankenkommission.

- **Eidgenössisches Departement für Verteidigung, Bevölkerungsschutz und Sport (VBS)**
  Strategischer Nachrichtendienst, Sicherheitspolitik, Verteidigung, Bevölkerungsschutz, Sport, Armasuisse (Dienstleistungen für die Armee, Landestopografie).

- **Eidgenössisches Finanzdepartement (EFD)**
  Finanzverwaltung, Personalamt, Steuerverwaltung, Zollverwaltung, Informatik und Telekommunikation, Bauten und Logistik, Privatversicherungen, Bankenkommission, Finanzkontrolle, Alkoholverwaltung, Pensionskasse des Bundes

- **Eidgenössisches Volkswirtschaftsdepartement (EVD)**
  Wirtschaft, Berufsbildung und Technologie, Landwirtschaft, Veterinärwesen, Wirtschaftliche Landesversorgung, Wohnungswesen, Preisüberwachung, Wettbewerbskommission

- **Eidgenössisches Departement für Umwelt, Verkehr, Energie und Kommunikation (UVEK)**
  Verkehr, Zivilluftfahrt, Energie, Strassen, Kommunikation, Umwelt, Raumentwicklung.

8. KAPITEL

FLEIßIG WIE DIE SCHWABEN: DER ARBEITSMARKT

Die Schweizer Wirtschaft floriert. Die Bilanzen großer Unternehmen sprechen Bände. Die Großbanken UBS (Zusammenschluss des Schweizerischen Bankvereins und der Schweizerischen Bankgesellschaft), CS (Credit Suisse) sowie diverser Kantonalbanken warteten 2007 mit Rekordergebnissen auf. Aber auch Versicherungen und Chemiefirmen meldeten Rekordergebnisse. Und die Topmanager (Verwaltungsratspräsidenten samt Räten, Direktoren, CEOs usw.) sahnten ab und schoben sich Boni (das sind Sonder- und Erfolgsvergütungen) in Millionenhöhe zu. Klar, dass dies auch die Mehrheit der geduldigen, obrigkeitsgläubigen Eidgenossen unpassend bis unverschämt fanden. Man murrte nun auch öffentlich gegen die Manager-Abzockerei. Eine Abzocker-Initiative wurde im November 2006 lanciert.

Geändert hat's wenig bis gar nichts. Im Gegensatz zu Deutschland sind die schweizerischen Gewerkschaften schwach (oder zumindest recht still) und geben sich überwiegend mit Kompromissen zufrieden. Bis auf wenige Ausnahmen wurde so der Arbeitsfrieden über Jahrzehnte gewahrt. Die Konsequenz: Es gibt so gut wie keine Streiks in der Schweiz, die Manager profitieren und die Wirtschaft floriert.

Qualifiziert – Hoch notiert

Geht's der Wirtschaft gut, profitiert auch der Stellenmarkt. Im März 2007 wurden 120.000 Menschen in der Schweiz als arbeitslos gemeldet, das entspricht rund 3 Prozent der arbeitsfähigen Bevölkerung. Offene Stellen werden nur marginal publiziert. Das Bundesamt für Statistik gibt nur einen Index offener Stellen heraus. Der Schweizer Arbeitsmarkt ist freilich nicht gesättigt. "Schweiz sucht über 25.000 Spitzenkräfte. Der Schweiz gehen die Stellen aus» schrieb das Nachrichtenmagazin «Cash» im März 2007. Besonders hoch qualifiziertes Personal ist begehrt, und das geht quer durch (fast) alle Branchen – bei Banken und Versicherungen ebenso wie bei Großverteilern (Migros, Coop) oder Spitälern, in der Maschinenindustrie ebenso wie in der Chemie (La Roche oder Novartis).

In einer Liste (März 2007) bieten folgende Unternehmen die meisten offenen Stellen:

- Migros[17] mit 700 Jobs
- Credit Suisse mit 600 Jobs
- Novartis (Chemie, Basel) mit 600 Jobs
- Swatch Group (Uhren) mit 500 Jobs
- UBS mit 500 Jobs
- Roche (Chemie, Basel) mit 400 Jobs
- Swisscom[18] mit 400 Jobs
- Nestlé mit 300 Jobs.

Es sind nicht nur Ärzte oder Spitalpersonal, Akademiker, Wissenschaftler, Ingenieure, Spezialisten, sondern auch qualifizierte

[17] Lebensmittel, Textilien, Hobby- und Handwerkmarkt, Gartenabteilungen, Fitness, Kursschulen

[18] Telefon, Telekommunikation

Schweißer, Monteure, Zimmerleute, Servicepersonal oder Verkäufer gefragt, und sogar ein deutscher Pfarrer wurde in der Ostschweiz eingestellt. «Ohne Zustrom aus dem Ausland, insbesondere aus Deutschland ginge es der Schweizer Wirtschaft schlecht», weiß der SVP-Nationalrat und Unternehmer Peter Spuhler (Stadler Rail in Bussnang, Thurgau). Die Schweizer Konjunktur läuft auf vollen Touren und neue Stellen werden geschaffen. Fachkräfte werden gesucht – quer durch alle Branchen.

Stellensuche

Die wichtigsten Informationen über Stellen und Jobs:

http://www.jobs.ch
der größte Schweizer Stellenmarkt: rund 27.000 Stellenangebote von rund 5800 Firmen

http://www.jobwinner.ch
täglich neue Jobs

http://www.direct-jobs.ch
Überblick der Stellen nach Branchen, Berufen, Regionen

http://www.jobscout,ch
Überblick des Stellenangebots

http://www.twenty4.ch
Stellen- und Dienstleistungsportal

http://www.jobsearch.ch
Plattform für Jobs und Karriere

http://www.die-stellen.ch
Stellensuche regional ausgerichtet

http://www.hobsons.ch
die Karriere-Spezialisten

http://www.topjobs.ch
Fach- und Führungskräfte

http://www.jobsafari.ch
die Selektion

Firmengründung

Vorweg muss man sich im Klaren sein, welche Art Firma man gründen möchte:

- Aktiengesellschaft (AG)
- Gesellschaft mit beschränkter Haftung (GmbH)
- Kollektivgesellschaft
- Einzelfirma.

Bei einer **AG** ist ein Aktienkapital von mindestens 100.000 Franken nötig. Die Vorteile: Anonymität der Investoren, keine Publizitätspflicht, beschränkte Haftung und einfache Übertragung der Anteile.

Eine **GmbH** benötigt ein Startkapital von mindestens 20.000 Franken. Vorteil: Geringes Grundkapital, nur zwei Gründer notwendig (ab 2008 nur 1 Gründer), Revision fakultativ, beschränkte Haftung.

Im Prinzip spielt die Nationalität eines Firmengründers keine Rolle. Erst bei der Besetzung der Organe der Kapitalgesellschaft gelten

Vorschriften. Ausländer benötigen eine beliebige, gültige Niederlassungsbewilligung für eine Firmengründung. Natürlich sind auch Partnerschaften möglich. Bei einer AG muss die Mehrheit der Verwaltungsratsmitglieder ihren Wohnsitz in der Schweiz haben, ein Schweizer Bürgerrecht oder das eines EU-/EFTA-Staates besitzen. Bei einer GmbH muss ein zeichnungsberechtigter Geschäftsführer in der Schweiz wohnen.

Sind alle Vorabklärungen (Firmenstruktur, Rechtsform, Beratungen, Kapitalisierung/Gründungskapital) getroffen und wurden die Dokumente zugestellt, kann die Firmengründung innerhalb von 2 bis 3 Wochen erfolgen.

Die Gründung einer AG kostet etwa 4.000 bis 5.500 Franken, die einer GmbH je nach Konstellation und Umfang 2000 bis 3000 Franken.

Nochmals Steuern

Unternehmen und private Personen werden auf drei verschiedenen Ebenen besteuert, auf **Bundes-, Kantons- und Gemeindeebene**.

Unternehmen

Maßgeblich ist der Ort der Wertschöpfung, also am Firmensitz. Kein Geheimnis: Im Vergleich zu den Steuern in Deutschland sind diese in der Schweiz sehr niedrig. Die **einheitliche Bundessteuer** beträgt 7,83 Prozent des Gewinns (effektiver Satz). Die **kantonalen Steuern** sind sehr unterschiedlich und variieren je nach Standort:

- kantonale Gewinnsteuer 4,4 bis 19 Prozent
- kommunale Gewinnsteuer 4 bis 16 Prozent.

Die Steuerbelastung kommt insgesamt auf etwa 16 bis 25 Prozent, kann sich aber durch Steueroptimierung bis zu 10 Prozent vermindern.

Private Personen

Private Personen sind an ihrem Wohnort steuerpflichtig. Der **Bund** erhebt eine Einkommenssteuer über 11,5 Prozent, **Kantone und Gemeinden** beanspruchen 5 bis 13 Prozent bei einem steuerbaren Einkommen von 50.000 Franken, 11 bis 27 Prozent beispielsweise bei einem Einkommen von 500.000 Franken.

Standort: Obwalden

Das Steuergefälle in der Schweiz ist wie gesagt extrem. Das drückt sich sowohl in Grundstückspreisen als auch bei Firmengründungen aus. Der Kanton Obwalden, finanziell eher schwach auf der Brust, hat Zeichen gesetzt. Und siehe da: Sie wurden erkannt und befolgt. Seit 2006 werden in diesem Innerschweizer Kanton nur 6,6 Prozent Unternehmenssteuer verlangt, die niedrigsten in der Schweiz. Und so sprossen im Jahr 2006 von Alpnach über Sarnen und Sachseln bis Engelberg 333 neue Firmen (eingetragen im Handelsregister) aus dem Boden. Das ist Rekord. Gleichwohl hätten die neuen Firmensitze noch nicht die Arbeitsplätze gebracht, die man sich erhofft, erkennt Bernhard Grisiger, Analyst bei Dun & Bradstreet (D&B), der Schweizer Filiale in 8902 Urdorf, einem weltweit führenden Anbieter von Firmeninformationen. Es sind vor allem Holdinggesellschaften, Immobilienmakler, Handelsfirmen und Steuerberater, die sich in Obwalden niedergelassen hätten. Aber das dürfte sich ändern, ist der D&B-Analyst überzeugt. Nach den Briefkastenfirmen und Einzelgesellschaften kämen Vertriebs- und Marketingfirmen, die dann auch Arbeitsplätze bringen. Eine ähnliche Entwicklung hätte auch Zug durchlaufen.

Der Steuervorteil eines Standorts ist ein wichtiger Entscheidungsfaktor bei einer Firmengründung oder Niederlassung. Natürlich müssen auch Verkehrsverbindungen und Lebensqualität stimmen. Im Ranking der Firmengründungen, basierend auf den Zahlen zwischen den Jahren 2000 und 2006, steht Obwalden an der Spitze mit gut 200 Prozent, das bedeutet dreimal mehr Firmengründungen in diesem Zeitraum. Mit einigem Abstand folgt Appenzell Innerrhoden (plus 114 Prozent).

Eindeutig: Steuergünstige Kantone ziehen an...

- Zug plus 41,3 Prozent
- Schwyz plus 32 Prozent
- Wallis plus 28,5 Prozent
- Uri plus 23 Prozent
- Schaffhausen plus 17,1 Prozent
- Waadt plus 16,4 Prozent

Die steigenden Zahl der Firmengründungen belegt diese These.

Zu Dun & Bradstreet, Schweiz: http://www.dnbswitzerland.ch
Zum Kanton Obwalden: http://www.ow.ch

LEITFADEN

Vor einer Firmengründung sollte man sich wie bei einem Stellenwechsel und Umzug in die Schweiz einen Leitfaden zurecht legen und entsprechende Überlegungen anstellen über:

- Rechtsform
- Finanzplan
- Firmenname
- Wirtschaftsanalyse
- Unternehmensstrategie
- Wachstumsstrategie
- Marketing
- Kommunikation
- Verkauf
- Key Account
- Personal
- Steuern

Wichtig ist das **Domizil der Gesellschaft**, der Geschäftssitz, die Geschäftslokalität also (Ort, Adresse mit Strasse und Hausnummer).

Es gibt **Dienstleister**, die bei einer Firmengründung sehr hilfreich sein können, auch bei der Domizilgewährung in Zürich, Wollerau (Kanton Schwyz) oder Zug. Angeboten wird etwa bei Start-ups eine ganzheitliche Gründungsberatung – von der Gestaltung des Firmennamens über Rechts-, Versicherungs- und Steuerberatung bis zur Gestaltung des Business Plans, Abwicklung der Firmengründung und Kontrolle über den Status der Firmengründung. Das kostet natürlich: 1.000 bis 3.000 Franken für die Firmengründung, 1.500 Franken Domizilgewährung p.a. (jährlich), 2.000 bis 4.000 Franken Geschäftsführung p.a.

Nähere Infos unter http://www.startups.ch

9. KAPITEL

WO GELD GEHORTET UND GEHÜTET WIRD: DIE SCHWEIZER BANKEN

Die Schweiz ist bekannt und berühmt für ihre Bankinstitute und wird bisweilen gern in Kinofilmen zitiert. So hatte beispielsweise der (fiktive) Vertreter einer Basler Bank im jüngsten Bond-Abenteuer "Casino Royale" einen Auftritt. Wenn es also um große Geldgeschäfte geht, gegebenenfalls auch um Geldwäscherei, steht die Schweiz als Synonym für eine internationale Drehscheibe, auf der Dollars und Euros und Franken hin und her geschoben werden. Die echten Geldinstitute werden sich natürlich vor derlei Ansinnen (und Vorurteile) bewahren und machen meistens gute Miene zum fiktiven Filmspiel. Schweizer Banken stehen vielmehr für Stabilität, Effizienz, Seriosität, Vertrauen und Diskretion, sprich Verschwiegenheit. Sie gelten als sicher und stützen sich gegenseitig, auch im Fall einer Insolvenz.

"Alle in der Schweiz tätigen Banken benötigen eine Lizenz der Eidgenössischen Bankenkommission (EBK)", schreibt die Schweizerische Bankiervereinigung, der Dachverband der Banken in der Schweiz. "Die EBK, die dem Basler Ausschuss für Bankenaufsicht angehört, reguliert und überwacht alle Banken der Schweiz gemäss den Standards des Basler Ausschusses für Bankenaufsicht. Diese Standards beziehen sich nicht nur auf die angemessene Eigenkapital- und Kapitalausstattung der Banken, sondern auch auf die ganze Palette der einzuhaltenden Vorsichts- und Verhaltensregeln."

http://www.swissbanking.org

Oberste Diskretion

Das Klischee von der Verschwiegenheit stimmt. Auch im Fall jüdischer Vermögen und Enteignungen während der Nazizeit. Nur unter Druck und sehr zögerlich haben die entsprechenden Institute ihre Archive und Tresoren geöffnet, um beispielsweise sogenannte „namenlose Vermögen“ zu “vergüten” (siehe Abschnitt ”Abgeltung von Klagen”). Auch bei Diktatoren, fremden Machthabern oder zwielichtigen Wirtschaftsführern, die ihre Pfründe (Millionen) in die Schweiz geleitet und gebunkert haben, bedarf es einiges, um das Bankgeheimnis zu knacken.

Wenn kriminelle Absichten oder Tatbestände vorliegen, schützt auch das Bankgeheimnis nicht mehr. Oberstes Prinzip ist es, die Privatsphäre des Einzelnen, die sich immer auch auf seine Finanzen erstreckt, als schützenswertes Gut zu betrachten und zu bewahren.

Kontoeröffnung

Grundsätzlich kann jede Person ein Bankkonto in der Schweiz eröffnen. Die Bank behält allerdings vor, solches Vorhaben abzulehnen, wenn es etwa um eine “politisch exponierte Person” geht oder der Verdacht vorliegt, dass die Herkunft der Gelder nicht lupenrein ist. Aber bitte schön: Eine Hand wäscht die andere.

Man kann ein Konto bei einer Schweizer Bank eröffnen, ohne persönlich vor Ort zu sein. Es genügt, eine Vertretung der Bank zu kontaktieren oder die betreffende Bank in der Schweiz anzuschreiben. Die Unterlagen zur Kontoeröffnung werden zugestellt. Wichtig ist es, dass der Antragsteller seine Identität (amtliches Ausweispapier) dokumentieren, sich also ausweisen kann. Bei Personen, die (noch) nicht in der Schweiz wohnen, verlangt die Bank eine amtliche Beglaubigung oder eine Echtheitsbescheinigung der Unterschrift des Vertragspartners. Eine Kontoeröffnung kann also nicht vollständig über das Internet abgewickelt werden.

Der beste Weg: Man geht persönlich vorbei. Übrigens: Es gibt keine anonymen Konten in der Schweiz, behauptet die Bankiervereinigung.

Franken – Nicht frank und frei

Das wird kein Schweizer bestreiten: Es ist eine Menge Geld in der Schweiz im Umlauf. Es wird gebündelt, gehortet, geschoben, gekauft und geliehen.

Wie und wo man es angelegt?

Jede Bank hat ihre Rezepte und Berater, Geld anzulegen – unter Sicherheitsaspekten oder mit einem gewissen Risiko. Der Möglichkeiten sind viele, egal ob bei der UBS oder CS, den Kantonalbanken oder Raiffeisenbanken. Wer eigene vier Wände errichten und finanzieren will, baut meistens auf Hypotheken. Und diesbezüglich gibt's verschiedene Möglichkeiten.

TIPP

Hypotheken

Jürg Pfändler von der CS listet verschiedene Hypothekarmodelle auf:

- **Fix-Hypothek**
  Der Zinssatz wird für die gesamte Laufzeit fixiert und festgeschrieben.

- **Flex-Rollover-Hypothek (Libor-Satz)**
  Sie wird direkt durch die Zinsentwicklung der kurzfristigen Geldmarktzinsen beeinflusst, somit bei tiefem Zinsniveau sehr günstig. Der Zinssatz kann alle 3 bis 12 Monate neu festgelegt werden.

- **Flex-Hypothek (Libor-Satz)**
  Es werden ein Maximal- und ein Minimalzinssatz vereinbart. Alle drei Monate wird der Zinssatz der Entwicklung am Geldmarkt angepasst.

- **Mix-Hypothek**
  In dieser Mischung aus Fix-Hypothek (Sicherheit) und Flex-Rollover-Hypothek (Dynamik) wird der Zinssatz ebenfalls alle drei Monate festgesetzt. Das Zinsrisiko ist begrenzt.

- **Startbonus-Hypothek**
  Wer sein erstes Eigenheim bauen oder kaufen will, wird hier gut bedient. Die Hälfte des Hypothekarbetrages wird bei Hälfte der vereinbarten Laufzeit um 0,5 Prozent reduziert.

- **Variable Hypothek**
  Der Zinssatz orientiert sich am Geld- und Kapitalmarkt und kann jederzeit angepasst werden.

- **Vorsorge-Hypothek**
  Die Eigenheimfinanzierung wird gegen verschiedene Risiken abgesichert durch Investitionen in die private Vorsorge. Ein Angebot der CS.

  http://www.credit-suisse.com/hypotheken

Die Palette der Hypothekarmodelle und -produkte ist laufend erweitert worden. Wer Wohneigentum erwerben möchte, sollte rund ein Fünftel des Kaufpreises, also 20 Prozent, aus eigener Tasche zahlen können, raten Fachleute der Credit Suisse (CS).

Man kann beispielsweise auch Anlagen, die einem gehören, verpfänden, oder auch Gelder der 2. Säule (Pensionskasse) oder der Säule 3a locker machen. Dies gilt auch für Vorsorgegelder.

Über den Daumen gepeilt, sollten die jährlichen Kosten für Hypothekarzinsen, Amortisation, Baurechtzinsen und Nebenkosten nicht mehr als ein Drittel des Bruttoeinkommen betragen.

DIE REICHSTEN SCHWEIZER

Rankings sind beliebt. Erst recht wenn es um Batzen und Besitz geht. Alljährlich präsentiert das **Schweizer Wirtschaftsmagazin "Bilanz" ein Kompendium der "300 Reichsten"**. Die 22. Ausgabe bilanziert das Jahr 2006. Es geht um Menschen, Money und Macht, aufgeblättert auf rund 250 Seiten. Die 300 Reichsten der Schweiz, notabene nicht alle mit Schweizerpass, besaßen demnach ein Vermögen von 455 Milliarden Franken.

Man erfährt beispielsweise, dass sich einige Superreiche als Hobby-Hoteliers betätigen, Financier Urs E. Schwarzenbach etwa beim Dolder-Um- und Ausbau in Zürich (Fertigstellung 2008) oder Thomas Straumann bei der Luxusherberge Drei Könige in Basel und dem Grand Hotel Bellevue in Gstaad. Ein Doyen der Luxushotellerie ist Karl-Heinz Kipp (4 bis 5 Milliarden schwer). In seiner Schweizer Wahlheimat hat er das Tessiner Tophaus Eden Roc, die Bündner Edelherbergen Tschuggen in Arosa oder das Carlton in St. Moritz an die Spitze gebracht und gehalten. Millionen steckte Kipp in den Wellness-Ausbau, die Bergoase im Tschuggen, von Stararchitekt Mario Botta ausgeheckt.

Ein Blick in die **Top Ten**...

Die Familien **Oeri und Hoffmann** (Pharma-Industrie: Hoffmann-LaRoche) werden auf 20 bis 21 Milliarden Franken geschätzt. Bekannt aus diesem Kreis ist Gigi Oeri, Fußballfan (FC Basel) und Filminvestorin ("Das Parfüm").

Der Name **Ernesto Bertarelli**, 12 bis 13 Milliarden schwer, ist mit dem America's Cup-Sieger "Alinghi" eng verbunden. Er ist der Mäzen. Sein Syndikat hat die prestigeträchtige Segelregatta 2003 gewonnen und verteidigt den Cup 2007 vor Valencia. Er hat seinen Biotechnologie-Konzern Serono 2006 verkauft und ist der wohl reichste Schweizer.

Ingvar Kamprad (rund 25 Milliarden) ist der jüngste der drei Söhne des Ikea-Patriarchen und Primus des Direktoriums.

Baron August von Finck (5 bis 6 Milliarden) ist Schlossherr in Weinfelden, allerdings selten dort anzutreffen.

Ernst Beyeler figuriert ebenfalls in der Vermögenssektion (2 bis 3 Milliarden) und hat als Kunstmäzen kulturelle Marken gesetzt: Er ist der Patron der Beyeler Fondation in Riehen bei Basel. Die Ausstellungen dort ziehen jährlichen Tausende von Besuchern an. Im Jahr 2007 etwa mit der Edvard-Munch-Schau.

Ein echter Landesfürst hat sich laut "Bilanz" auch unter die zehn Reichsten in der Schweiz eingereiht: **Hans Adam von und zu Liechtenstein** steht mit einem Besitz von 6 bis 7 Milliarden Franken zu Buch. Weshalb Liechtenstein zur Schweiz gehört? Das ist ein anderes Kapitel.

Der Guru des Formel-1-Rennsports, Charles Bernard **"Bernie" Ecclestone**, wird auch als Verwaltungsratspräsident des Viersternehotels Olden in Gstaad (Bern) geführt und auf 5 bis 6 Milliarden geschätzt.

Da kann der Ex-Champion **Michael Schumacher**, der im Waadtland lebt, nicht ganz mithalten. Bei ihm schlagen "nur" 900 bis 1000 Millionen zu Buch.

Der Chef der deutschen Bank, der Schweizer **Josef Ackermann**, figuriert mit seinen 100 bis 200 Millionen nur am Rande der Millionen- und Milliardensammler.

10. KAPITEL
ARBEITSRECHT

Für Angehörige der EU- und EFTA-Staaten, die in der Schweiz einen Job gefunden haben, gilt das Prinzip der beruflichen und geographischen Mobilität – in der ganzen Schweiz. Sie benötigen für einen Berufs- und Stellenwechsel keine Bewilligung. Für diejenigen, die eine Kurzaufenthaltsbewilligung besitzen, ist jedoch eine Bewilligung erforderlich, wenn sie eine selbständige Erwerbstätigkeit aufnehmen wollen.

Arbeitsvertrag

Das Obligationenrecht (kurz: OR) ist Grundlage für Bestimmungen um Schließung und Beendigung eines Arbeitsvertrages. Das OR regelt Rechte und Pflichten von Arbeitgebern und Arbeitnehmern in der Privatwirtschaft. Der Arbeitsvertrag muss nicht unbedingt in **schriftlicher Form** vorliegen. Er kann **mündlich oder stillschweigend** getroffen werden. Bedingung ist die Einigung zwischen Arbeitgeber und Arbeitnehmer über die wichtigsten Punkte der Zusammenarbeit. Mündliche Absprachen und Gewohnheiten können durchaus als Arbeitsvertrag gelten. Wer beispielsweise seit Jahren regelmäßig stundenweise Schreibarbeiten, Botengänge oder Ähnliches für einen Betrieb erledigt, hat Anspruch auf gesetzliche Schutzbestimmungen und Sozialleistungen.

Auf sicherer Seite ist man auf jeden Fall, wenn man einen Vertrag abschließt.

Der Vertrag sollte im **Minimum folgende Punkte** enthalten:

- Datum des Stellenantritts
- Funktion, Aufgabe, Verantwortlichkeit
- Lohn, inklusive allfälliger Zulagen wie Bonus oder 13. Monatslohn
- Arbeitszeit, Regelung der Überzeit (Überstunden)
- Lohnfortzahlung im Krankheitsfall
- Zusagen bezüglich Lohnerhöhung, Beförderung, Weiterbildung

Ein Handschlag über exakte Vertragsvereinbarungen kann ebenso Gültigkeit haben wie ein von beiden Seiten unterschriebenes Schriftstück.

Das **Arbeitsverhältnis beginnt** mit dem Tag des Arbeitsantritts.

Sollte sich urplötzlich nach dieser Vereinbarung vor dem Arbeitsantritt eine **lukrativere Jobvariante** auftun, kann man nicht einfach den Vertrag beiseite schieben und nicht erfüllen. Das OR schreibt vor: *"Tritt der Arbeitnehmer ohne wichtigen Grund die Arbeitsstelle nicht an... so hat der Arbeitgeber Anspruch auf eine Entschädigung, die einem Viertel des Lohnes für einen Monat entspricht."* Auch wenn für den "Vertragsbrüchigen" die neue Stelle wichtiger und attraktiver sein mag, im Sinne des Gesetzes sticht dieser Grund nicht. Als wichtig werden gesundheitliche Gründe oder falsche Angaben des Arbeitgebers erachtet.

TIPP | PROBEZEIT

Bewährung auf Probe: Dies gilt für beide Seiten. Gesetzlich gilt der **erste Monat** an neuer Stelle als Probezeit. Sie kann auf maximal drei Monate festgelegt, aber nicht verlängert werden. Und sie gilt nur zu Beginn eines Arbeitsverhältnisses. Während der Probezeit ist eine **Kündigungsfrist von sieben Tagen** vorgesehen. Der Wochentag spielt dabei keine Rolle. Ausnahmen gibt es in Fällen von Krankheit, Unfall, Militärdienst. Dann kann die Probezeit um die Dauer der Abwesenheit verlängert werden.

Wertvolle Hinweise aus der Praxis sowie über die rechtlichen Grundlagen betreffend Stellen, Verträge, Arbeitsverhältnisse oder Problemsituationen bietet das Beobachter-Buch "Arbeitsrecht", Beobachter-Ratgeber, Zürich 2006 (34 Franken), http://www.beobachter.ch

Löhne und Abzüge

Von hohen Löhnen in der Schweiz ist gut und gern die Rede. Das mag über den Daumen gepeilt auch stimmen, doch darf man die höheren Lebenshaltungskosten dabei nicht außer Acht lassen. Die Lohnhöhe ist abhängig von **Region, Nachfrage, Ausbildung, Erfahrung und Alter** – und vor allem aber **Verhandlungssache**. Jeder ist seines Lohnes Schmied. Es gibt Mindestansätze und Topsaläre, Verdienste, die von Gesamtarbeitsverträge (GAV) geregelt sind und Spezialabsprachen. Sie sind je nach Branche und Saison schwankend oder stabil.

Ein **13. Monatsgehalt** ist weit verbreitet, wird aber nicht überall gezahlt, kann und sollte vertraglich festgehalten werden. Der 13. Monatslohn ist eine Sondervergütung und stellt keine Gratifikation dar. Prämien und Boni, mit denen besonders Topmanager in letzter Zeit "vergoldet" wurden und großen Unmut hervorriefen, existieren im OR nicht. Auch ein Teuerungsausgleich ist gesetzlich nicht vorgeschrieben.

Als kleine **Orientierungshilfe** seien folgende Daten (monatlicher Bruttolohn, ohne Gewähr) aufgelistet:

- **Zwischen 3.000 und 5.000 Franken**
  Gastgewerbe, Textilgewerbe, Herstellung von Bekleidung, Lederwaren, Schuhen oder Nahrungsmittel.

- **Zwischen 4.000 und 6.000 Franken**
  Baugewerbe, Metallverarbeitung, Reparaturen, Detailhandel, Reisebüros.

- **Zwischen 5.000 und 7.000 Franken**
  Gesundheits- und Sozialwesen, Immobilienwesen, Maschinenbau, Verlag, Druckerei.

- **Zwischen 6.000 und 8.000 Franken**
  Feinmechanik, Energie- und Wasserversorgung, Großhandel, Unterhaltung, Kultur, Luftfahrt, Chemische Industrie.

- **Zwischen 7.000 und 9.000 Franken**
  Informatik, Unterrichtswesen, Versicherungen, Nachrichtenübermittlung.

- **Zwischen 8.000 und 10.000 Franken**
  Kreditwesen, Forschung und Entwicklung, Kredit/Versicherungen.

Der Lohn sollte **am Monatsende überwiesen** werden. Wird der Lohn verspätet ausgezahlt, schuldet der Arbeitgeber einen Verzugszins, er beträgt fünf Prozent.

Solide Information über **Lohngefüge** erhält man beim entsprechenden Berufsverband und beim Bundesamt für Statistik, das im Herbst eine Liste der Durchschnittslöhne in allen Berufs- und Wirtschaftszweigen der Schweiz erstellt: http://www.bfs.ch

Gewöhnlich spricht man in der Schweiz von Bruttolöhnen, **Abzüge** kommen also hinzu. Fest einzuplanen sind dabei Beiträge für:

- **AHV/IV/EO**
  in der Regel 5,05 Prozent vom Arbeitgeber und vom Arbeitnehmer
- **Arbeitslosenversicherung**
  1 Prozent bei einem Einkommen bis 106.800 Franken, bei höheren Einkommen 0,5 Prozent
- **Unfallversicherung**
  wird vom Arbeitgeber bezahlt, Nichtbetriebsunfall bis 2 Prozent
- **Pensionskasse**
  wird je zur Hälfte vom Arbeitnehmer und vom Arbeitgeber bezahlt, die Höhe richtet sich nach Alter und Reglement
- **Krankentagegeld**
  wird maximal die Hälfte vom Arbeiternehmer getragen, sie wird bisweilen auch gänzlich vom Arbeitgeber gezahlt

Arbeitszeit

Normal ist eine Arbeitszeit in der Schweiz von 40 bis 44 Stunden pro Woche. Als Arbeitszeit im Sinne des Gesetzes gilt die *„Zeit, während der sich der Arbeitnehmer oder die Arbeitnehmerin zur Verfügung des Arbeitgebers zu halten hat"*, stellt das Arbeitsgesetz klar (ArGV 1).

Das Arbeitspensum ist zentraler Bestandteil eines Arbeitsvertrages. Die meisten Industrie-, Gewerbe- und Handelsbetriebe sind dem Arbeitsgesetz (ArG) unterstellt. Es gelten 38 Sonderregelungen über Arbeitszeiten, das betrifft etwa Schausteller, TV-Mitarbeiter, Krankenschwestern u.a.), aufgeführt in der Verordnung 2 (ArGV).

Anfallende Überstunden müssen gesondert geregelt werden. Aufräumarbeiten, Sonderjobs, Sitzungen nach Feierabend oder Workshops am Wochenende zählen zur Arbeitszeit. Nacht- und Sonntagsarbeit sind nicht normal und müssen bewilligt werden. Nachtarbeit sollte nicht durch Lohnzuschläge belohnt, sondern durch zusätzliche Freizeit entgolten werden. Die Ausgleichsruhezeit muss innerhalb eines Jahres bezogen und darf in der Regel finanziell nicht ausgezahlt werden.

Teilzeitjob

Nicht jeder Arbeitnehmer hat einen 100-Prozent-Job. Gefragt sind oft Teilzeitjobs besonders in Zweipersonen-Haushalten. In der Schweiz ist die Zahl der Teilzeitjobs markant gestiegen. Nahezu jeder Dritte arbeitet in Teilzeit. Es sind vor allem Frauen, die reduziert arbeiten. Das Bundesamt für Statistik (BfS) nennt die Zahlen: 80 Prozent der Teilzeiter sind Frauen, nur jeder neunte Mann begnügt sich mit einem Teilzeitjob. Die 50- bis 80-Prozent-

Stellen überwiegen, vor allem im Bereich Gesundheits- und Lehrerwesen, bestens geeignet für weibliche Kräfte.

Die Gründe für diesen Trend sind vielschichtig: Viele Mütter kehren ins Berufsleben zurück; viele Menschen treten freiwillig oder aus gesundheitlichen Gründen kürzer; für andere ist der Teilzeitjob eine Notlösung, weil sie keinen anderen 100-Prozent-Job finden.

Teilzeitbeschäftigte, auch ohne schriftlichen Vertrag, haben im Wesentlichen die gleichen Rechte wie Kollegen und Kolleginnen, die eine Fulltime-Stelle haben. Das OR macht hier keinen Unterschied. Von Vorteil ist sicher ein **schriftlicher Vertrag**, auch wenn es sich nur um wenige Arbeitsstunden handelt. Unbedingt sollten darin **folgende Punkte geklärt und festgeschrieben** sein:

- **Arbeitszeit**
  das Pensum deklarieren und definieren

- **Überstunden**
  spezielle Entschädigungen

- **Lohn**
  Stundenlohn- oder Monatslohn vereinbaren

- **Ferien**
  Anspruch auf vier Wochen im Jahr, auch wenn nur ein Pensum von 50 Prozent erfüllt wird

- **Feiertage**
  wer nur freitags und montags arbeitet, kann von den Feiertagen Karfreitag und Ostermontag profitieren und sich den Lohn gutschreiben lassen

- **Krankheit**
  Anrecht auf Lohnfortzahlung, sofern das Arbeitsverhältnis länger als drei Monate gedauert hat

- **Unfall**
  Versicherung auf Kosten des Arbeitgebers gegen Betriebsunfälle inklusive Arbeitsweg

- **Pensionskasse**
  sie tritt erst bei Jahreseinkommen ab 19.350 Franken in Kraft; wer bei mehreren Arbeitgebern tätig ist und mehr als 19.350 Franken jährlich verdient, kann sich freiwillig versichern

Kündigung

Arbeitnehmer wie Arbeitgeber haben jederzeit das Recht, einen Arbeitsvertrag zu kündigen. In der Schweiz herrscht der Grundsatz der Kündigungsfreiheit. **Triftige Gründe** für eine ordentliche Kündigung sind **nicht erforderlich**. Sie kann schriftlich, aber auch mündlich erfolgen.

Fristen müssen von beiden Seiten eingehalten werden; sie sind abhängig von Dienstjahren. Wurde im Vertrag nichts anderes vereinbart (bei Führungskräften wird häufig eine Kündigungsfrist von sechs Monaten festgeschrieben), so gilt ein Monat Kündigungsfrist im ersten Dienstjahr als normal. Vom zweiten bis neunten Dienstjahr sind zwei Monate vorgesehen, ab zehntem Dienstjahr dann drei Monate. Es gilt das Ende des Monats. Die Kündigung beginnt zu dem Zeitpunkt, wenn der Empfänger davon in Kenntnis gesetzt wurde. Leitende Angestellten und Manager werden oft per sofort freigestellt, das heißt ad hoc von ihrer Arbeitspflicht entbunden. Der **Lohn** muss freilich bis zur ordentlichen Beendigung des Arbeitsvertrages gezahlt werden.

Die **fristlose Kündigung** kann nur aus wichtigen Gründen ausgesprochen werden (OR) und ist nur in Ausnahmesituationen zulässig, beispielsweise wenn das Vertrauensverhältnis zwischen den Parteien schwer und schädigend gestört ist. Folgende Gründe können für eine fristlose Entlassung geltend gemacht werden:

- Verbrechen oder Vergehen (Diebstahl, Betrug, Veruntreuung)
- wiederholte Verweigerung der zugewiesenen Arbeit
- unberechtigtes Fernbleiben vom Arbeitsplatz
- eigenmächtiger Ferienbezug
- wiederholtes Zuspätkommen
- illoyales Verhalten gegenüber dem Arbeitgeber
- Konkurrenzierung
- Verrat von Geschäftsgeheimnissen
- Schwarzarbeit
- Verleumdung des Arbeitgebers
- Korruption
- falsche Angaben bei der Bewerbung.

Ist eine fristlose Kündigung ungerechtfertigt ausgesprochen worden, muss der Gekündigte sofort reagieren in Form eines eingeschriebenen Briefes.

In der Regel sind Kündigungen unumstößlich. Aber es gibt **Ausnahmen**: Wurde eine Kündigung wegen politischer Gesinnung ausgesprochen, kann diese angefochten werden. Das OR nennt einige missbräuchlichen Gründe, beispielsweise wegen...

- Alter, Geschlecht
- sexueller Neigung
- Rasse
- Religion
- Parteizugehörigkeit
- Ausübung des Versammlungs- und Demonstrationsrechts
- Gewerkschaftszugehörigkeit
- Rache (Drohung: "Wenn es Ihnen nicht passt, können Sie gehen").

11. KAPITEL

ALLES GUETI! MEDIZINISCHE VERSORGUNG

Im schweizerischen Krankenversicherungsgesetz (KVG) ist festgeschrieben, dass alle in der Schweiz wohnhaften Personen obligatorisch in der Schweiz versichert sein müssen.

Grundversicherung

Jeder muss sich selber um eine rudimentäre Krankenversicherung kümmern, der Arbeitgeber ist dazu nicht verpflichtet. Nach Anmeldung am neuen Schweizer Wohnort muss der **Aufenthalter** binnen dreier Monate eine Krankenversicherung abgeschlossen haben. Das gilt auch für Familienangehörige, die in die Schweiz ziehen. Die **Einzelprämie** bemisst sich nach Alter, Geschlecht und Wohnort, sie variiert je nach Kostenbeteiligung. Sie reduziert sich, wenn man sogenannte „Jahresfranchisen“ und Selbstbehalt in Kauf nimmt. Das bedeutet: Man beteiligt sich an den Kosten, welche die Krankenkasse deckt, mit einem bestimmten Betrag (Franchise), beispielsweise mit 300 Franken pro Jahr. Man kann auch einen Vertrag abschließen, der einen Selbstbehalt vorsieht. Im Höchstfall: 700 Franken. Weitere Einsparungen bei der Grundgebühr müssen mit den einzelnen Krankenversicherungen abgemacht werden. Und die «zugelassenen Krankenversicherer», so die amtliche Verlautbarung, sind so zahlreich wie Schweizer Seen und Flüsse. Exakt 92 Krankenkassen listet das Bundesamt für Gesundheit BAG auf.

http://www.bag.admin.ch

Im Prinzip werden medizinische Leistungen aufgrund der Arzt- oder Spitalrechnungen zuerst von privater Seite beglichen und dann von der Krankenversicherung zurückerstattet (bis auf die erwähnten Franchisen/Selbstbehalt). Als Grundbeitrag ist mit etwa 200 bis 300 Franken zu rechnen. Es ist bei den einzelnen Versicherungsgesellschaften abzuklären, wie weit auch medizinische Behandlungen im Heimatland und in der Schweiz getragen werden.

Auch **Grenzgänger** unterstehen der Versicherungspflicht in der Schweiz, wenn sie sich nicht ausdrücklich beim zuständigen Kanton davon befreien lassen. Für Studierende gelten besondere Bedingungen. Über Möglichkeiten der Krankenversicherung für Grenzgänger und Selbständige orientiert die

Grenzgänger INFO e.V.
Lörracherstr. 50c
79541 Lörrach-Brombach

Zahnarzt

Der Aufbau des Schweizer Krankenkassensystem ist durchaus dem deutschen vergleichbar. Die Leistungen umfassen Arzt- und Spitalkosten innerhalb der Schweiz. Zahnschutz besteht nicht. Allein notwendige Eingriffe (Zahn ziehen) sind gedeckt, ansonsten berappen (das kommt von Rappen, der kleinsten Münzeinheit) Schweizer Zahnbehandlungen selber (Füllungen, Zahnersatz, Implantate, Zahnpflege). Spezielle Zahnversicherungen sind möglich, aber teuer.

TIPP | KOSTENGÜNSTIGER

Ein Ausflug nach Deutschland zu einem Zahnarzt im Heimatort oder ins Grenzgebiet kommt immer noch günstiger. Beliebt sind auch Reisen nach Ungarn. Die zahnärztliche Versorgung dort ist günstig und kompetent. Eine umfassende zahnärztliche Sanierung kann man bequem mit einer Wellnessreise (Thermalbad) verbinden, z.B. nach Budapest oder Héviz am Balaton (Plattensee). http://www.heviz.hu oder http://www.reisen-ungarn.de

Zusatzversicherungen

Privatversicherte müssen tief in die Tasche greifen. Wer das Spital (Privatklinik) selber auswählen will, wer mehr Komfort (etwa ein Einzelzimmer) und weniger Bürokratie haben möchte, muss dafür bezahlen. Solche Versicherungen greifen auch im Ausland. Die Bürokratie hält sich auch in Notfällen wahrlich in Grenzen. Es besteht durchaus die Möglichkeit einer deutsch-schweizerischen Kombination. Eine Zusatzversicherung kann auch mit einem deutschen Anbieter abgeschlossen werden. Ein solches Modell – es kann natürlich auch eine Schweizer Kasse sein – ist nicht an Ort und Land und Spitalformat gebunden.

Informationen über individuelle Zusatzversicherungen bzgl. Senioren, Spitalkosten, Krankenpflege, Unfall, Invalidität oder Zahnbehandlung erhalten Sie unter:

http://www.kpt.ch
http://www.aufenthalter.ch
http://www.grenzgaenger.ch

12. KAPITEL
ZWISCHEN ALDI UND MIGROS: WIE TEUER IST DIE SCHWEIZ WIRKLICH?

Als Hochpreisinsel hat die Schweiz einen zweifelhaften Ruf, besonders aus der Sicht deutscher Besucher. Das Gejammer «Huch, was ist das hier teuer!» hat durchaus einen realen Hintergrund, muss aber differenziert betrachtet werden.

Grundnahrungsmittel

Es ist zwar nicht das Ei des Kolumbus, aber doch ein Ansatz. Eier gibt's in der Alpenrepublik zahllos, in allen Größen, Klassen und Farben. Die Qualitätskategorien sind schier unübersichtlich – das geht von Import- bis zu Freilandeiern (mit Tagesstempel), von 53 bis über 63 Gramm – roh, gekocht, gefärbt. Man kann sich die frischen Eier auch direkt nach Hause bringen lassen. So groß wie die Auswahl ist auch die Preispalette. Das beginnt bei etwa 25 Rappen (Importeier, die billigsten) und kann bis zu 90 Rappen (ca. 60 Cent) pro Ei führen. Ähnlich verhält es sich mit Brot und Brötchen, die in der Schweiz Weggli oder Semmeli heißen. Das Sortiment ist so vielseitig wie die Schweizer Pflanzen- und Tiervielfalt – von Roggen-, Fünfkorn- oder Soja- über Kartoffel-, Nüssli-, Winzer-, Ämtler- oder Huusbrot bis zum Zopf oder zur Baguette. Der Phantasie sind keine Grenzen gesetzt.

Die beiden Schweizer Großverteiler Migros oder Coop spüren den Druck der neuen Billiganbieter Aldi und Lidl und haben Teile ihres Sortiments preislich nach unten korrigiert. Bioprodukte werden besonders herausgestellt und markiert, auch durch höhere Preise.

Manche Migros-Produkte sind übrigens billiger in Deutschland als in der heimischen Schweiz. Auch so eine Ungereimtheit. Und bei Fleisch (z.B. Filet) reist man am besten gleich über den Rhein nach Konstanz, Weil am Rhein oder Freiburg. Dort ist's garantiert billiger.

Klar, die Grundnahrungsmittel sind in der Schweiz deutlich teurer als in Deutschland. Aber man verdient auch mehr zwischen St. Gallen und Genf, hört man oft und gern.

Multiangebote

Was freilich Textilien oder Lederwaren angeht, so kann man bei Ochsner oder Bally, Globus, Jelmoli, C&A oder H&M (auch die gibt's in Zürich) mal ein Schnäppchen machen. Zum Multimediamarkt strömen Tausende, um sich elektronisch zu versorgen. Handwerkermärkte (Migros, Jumbo, demnächst auch der erste Hornbach Markt in der Schweiz, und zwar in Affoltern a.A.) sprießen aus dem Boden. Tankstellen bieten längst nicht nur Zapfsäulen, sondern auch frische Sandwiches, Bier, Blumen, Süßigkeiten, Poulets (Hähnchen) oder Zeitungen. Das Benzin hat deutsche Preise noch nicht erreicht und bewegt sich aber indes auch zwischen 1,65 und 1,80 Schweizerfranken und mehr (bleifrei normal) oder mehr an Autobahntankstellen. Ein guter Vergleichsmaßstab ist stets der Bierpreis. Eine Stange (ein Glas Bier, 0,3 ltr.), gezapft, kostet in einer normalen Beiz (Kneipe) zwischen 3,00 und 5,00 Franken.

Heimelektronik

Auch in der Schweiz gibt's Nischen. Geräte der Heimelektronik sind teilweise billiger als in Deutschland. Auch dank des aggressiven Discounters Media Markt, der großen Zulauf hat. Studenten der Churer Hochschule für Technik und Wirtschaft (HTW) haben diesbezüglich Fachmärkte und Warenhäuser, aber auch den Einzel- und Onlinehandel unter die Lupe genommen. Bei den annähernd 3.500 Objekten/Preisen (Fernsehgeräte, Kameras, DVD-Recorder usw.), die man unter die Lupe genommen hat, wurde die Hochpreisinsel Schweiz geknackt. Einzelne Produktgruppen wie Spiegelreflexkameras, Beamer, Camcorder oder DVD-Recorder sind in Schweizer Regalen bis zu 15 Prozent billiger als in Deutschland. Insgesamt ist die Schweiz im Heimelektronik-Bereich nur knapp drei Prozent teurer als der nördliche Nachbar.

Bücher um die Ecke

Wer Schweizer Buchläden betritt, staunt über die Preise, besonders wenn ein Exemplar noch mit Euro angeschrieben ist, und man es mit dem Frankenpreis vergleicht. Beispielsweise bei Reiseführern der gehobenen Art oder Bildbänden ist die Währungsdiskrepanz frappant. Faustregel: Je teurer das Buch, desto größer der Währungsverlust. Aber lohnt es sich, wegen acht oder zehn Franken eine Fahrt über die Grenze anzutreten, um mehr über Kambodscha oder Dubai zu erfahren? Man kann's auch günstiger haben. Internet sei Dank! Warum nicht den Kontakt zu einer Buchhandlung mit Online-Praxis aufbauen, irgendwo in Deutschland, oder eben beim Giganten amazon.de andocken? Bestellen und per Kreditkarte (oder ein Girokonto in Deutschland) zahlen. Dann können Bücher, aber auch Hörbücher oder CDs bis 30 Prozent billiger werden (der Mehrwertsteuer sei Dank!). Und das meistens ohne Lieferkosten.

Es geht aber auch anders – ohne Elektronik. Die Schweiz ist gespickt mit Brockenhäusern oder Brockenstuben. Kennen Sie den Ausdruck “alte Brocken” (altes Zeug)? Eben. Dort in den Brockenhäusern findet man ein Sammelsurium von Second-Hand- und Trödelwaren, Textilien, Haushaltsgeräten, Möbeln, Kitsch und Büchern.

Besonderen Spaß macht es natürlich, Flohmärkte aufzusuchen. In Zürich findet sich vom Frühjahr bis in den Herbst auf dem Bürkliplatz jeden Samstag ein buntes Völkchen von Ausstellern ein, und manchmal findet man etwas unverhofft in dieser Multikulti-Kollektion von Trödeligem, Vertrautem oder Vergessenem, Gebrauchtem, Gediegenem oder Gesuchtem. Vielleicht treffen Sie Bruno, den Experten in Sachen Blechspielzeug und alten Uhren. Oder Edith, die Kristall, Porzellan, Nippes hat und auch ein paar Schmöker parat hält...

Post-Streiche

Sie gehört zwar nicht zu den Grundnahrungsmitteln, ist trotz E-Mail immer noch ein wichtiger Bestandteil der Kommunikation, gehört also auch zur Grundversorgung: die Briefmarke. In der Schweiz gibt es so genannte A- und B-Post. Das bedeutet: Der A-Brief sollte am nächsten Tag am Bestimmungsort innerhalb der Schweiz sein, eine B-Sendung braucht da schon zwei bis vier Tage (am Wochenende). Das künstliche postalische Zweiklassensystem ist einer der staatlichen Schildbürgerstreiche, die es in Schweizer Landen zuhauf gibt.

Kurzum: ein A-Brief kostet 1,00 Franken (B-Post: 85 Rappen), ein Auslandsbrief innerhalb Europas kommt auf 1,30 Franken (A-Post bis 20 gr; übrige Länder: 1,80 Franken) oder 1,20 Franken (B-Post, übrige Länder: 1,40 Franken). Und dann steigern sich die Gebühren ungebührlich beim Großbrief (A-Post) von 3,80 bis 16,00 Franken. Von Expresspost (Blitz: ab 19,80 Franken oder Mond: ab 14,80 Franken) oder Paketen, deren Porto manchmal höher ist als der Wert des Inhalts, wollen wir lieber nicht reden.

13. KAPITEL

"HOPP SCHWIIZ!" ODER: SPRACHVIELFALT AUF ENGEM RAUM

Wer meint, in der Deutschschweiz werde Deutsch gesprochen, liegt richtig und doch etwas schief. Denn zwischen Rorschach, Solothurn und Sitten, Aarau, Altdorf, Zug und Zürich wird Dialekt (Schwyzerdütsch) gesprochen. Und diese Dialekte sind teilweise so unterschiedlich wie Bayrisch und Hessisch oder Friesisch. Fürs deutsche Ohr klingt's sehr fremd. Nun gibt es das so genannte Schriftdeutsch, eine Sprache, die Emil Steinberger so liebenswürdig in Deutschland bekannt gemacht hat.

Multi-Mix

"Lose – luege - stuune" – wissen Sie was hier Sache ist? Eben. Und wenn dann noch das beliebte Spiel mit dem Zungenstolperer Chuchichäschtli kommt, stehen viele auf dem Schlauch, auf dem Sprachschlauch. Also ran an den Speck beziehungsweise die Mundart. Backen wir doch kleine Brötchen (Weggli) und begeben uns auf ein populäres Terrain (Feld). Tschutten (Fußball) ist ein gutes Stichwort. Doch Gottfriedstutz (Herrgottnochmal) – hier haben wir es vor allem mit englischen Termini zu tun. Statt Elfmeter heißt es in der Deutschschweiz Penalty, statt Ecke Corner, statt Abseits Offside, statt Torwart Goalie und statt Tor Goal. Der Trainer avanciert zum Coach und der Torschütze zum Goalgetter.

Merke: Es ist nicht alles schweizerisch, was gesprochen und benannt wird. Da werden verschiedene Sprachen zu einem Multimix verbunden. Im Zürcher Hauptbahnhof nennt sich eine Einkaufsebene Shop Ville, das neueste Einkaufszentrum an der Sihl wurde folgerichtig auf Sihlcity und die Berner Fußballarena auf Stade de Suisse getauft. Es geht also kreuz und quer durch englische, französische und italienische Idiome. Als Chrut und Rüebli könnte der Deutschschweizer solche Sprachmixturen beschreiben.

Mundart

Aber kehren wir zurück zur Deutschschweiz und ihren Dialekten. Bekannt sollte sein, dass die Schweiz vier Sprachregionen umfasst: die Deutschschweiz, das Welschland (Westschweiz) mit Französisch, das Tessin mit Italienisch und Graubünden neben Schweizerdeutsch teilweise mit Rumantsch und Italienisch. Wer zählt die Dialekte und Nuancen – zwischen nöd in Zürich und nid in Winterthur, zwischen Guuggenmusig in der Innerschweiz und Guggenmusik sonstwo? Nun, die Mundart feiert fröhlich Hochkonjunktur und wird bei der SMS-Generation eifrig genutzt. Da kann man so schreiben, wie der Schnabel gewachsen ist. Auf ein a oder zwei uu kommt es dabei nicht an. Aber auch Deutsche in der Schweiz fahren auf Mundart ab und belegen eifrig Kurse. Der Zulauf bei Sprachschulen schlägt zu Buche. Das wird von Schweizern geschätzt und als Akt der Integration gewertet.

Schwaben

Wenn Schweizer „Schwaben“ sagen, meinen sie meistens Deutsche allgemein und das nicht besonders freundlich. Das hat dann nichts mit Stuttgart und dem Ländle zu tun. Der nördliche Nachbar ist ihnen suspekt, und die Nord- oder Ostsee kennen viele nur vom Hörensagen. Norddeutschland beginnt für viele Schweizer jenseits von Frankfurt. Man ist geographisch diesbezüglich nicht sehr bewandert. Aber das Schweizer Fußballvolk hat seit der Fußball-WM dazu gelernt und weiß mehr über Köln (hier patzte die Schweizer Elf beim Elfmeterschiessen), Hannover und Dortmund. In der Dortmunder Arena zeigen Schweizer Präsenz in der Bundesliga, auf dem Spielfeld und im Hintergrund. Die CS, sprich Credit Suisse, hat sich bei Borussia eingekauft.

Schwyzerdütsch

Zuerst staunt man, dann lernt man. Es ist nicht alles ein Puff, was man in Deutschland unter Puff versteht. Ein Puff haben, bedeutet Schwierigkeiten, Durcheinander haben. Und wenn man bedient ist, heißt das nicht, ich habe die Nase voll, sondern dass man bereits bedient wurde. In der Schweiz wird übrigens nicht geparkt, sondern parkiert, nicht gefeiert, sondern gefeschtet, nicht gezeltet, sondern kampiert, nicht malocht, sondern geschafft.

Man bestellt auch nicht einfach ein Bier, sondern eine Stange, eine Tulpe oder ein Herrgöttli. Man flucht schwyzerdütsch ("Huureseich"), begeistert sich ("huuregeil"), singt schwyzerdütsch ("Ewigi Liebi") und flirtet schwyzerdütsch ("I han di gern"). Die Fahr- oder Eintrittskarte heißt Ticket oder Billett, Paprika heißt Peperoni, Kartoffel eben Härdöpfel, Zwiebeln Bölle und Rote Beete wird mit Randen etikettiert. Mann/frau begrüßen sich mit Hoi oder Salu oder Grüezi und verabschieden sich mit Ciao oder Tschüss!

Nicht verzagen, sondern wagen!

Das Schwyzerdütsch klingt manchmal rauh, ist aber lieb gemeint. Huere-guet war beispielsweise ein Konzert, es kann natürlich auch mega, affengeil oder cool gewesen sein. Sauglatt ist etwas aus der

Mode gekommen, aber auch positiv gemeint, ebenso wie die Bezeichnung ein glatter Typ, Berndütsch Giele (gemeint ist nicht ein aalglatter Vertreter). Poschten hat nichts mit Post, sondern mit Shoppen (Einkaufen) zu tun. Ein Velo ist ein Fahrrad (Veloziped), ein Poulet, Güggel oder Mistchratzerli ein Hähnchen, Anke meint Butter und Glace ein Eis. Eine Serviertochter arbeitet als Kellnerin, ein Samichlaus als Nikolaus und ein Schmutzli als Knecht Ruprecht. Blutt (nackt) laufen nur Kinder oder FKKler herum, Blööterliwasser (mit Kohlensäure) trinkt man, und den Böög verbrennt man beim Sechseläuten in Zürich.

Buuredütsch wird von Schweizern etwas despektierlich ihre eigene Mundart genannt, mit Sauschwob sind Deutsche gemeint und mit Tschinggen Italiener (diese Schimpfworte sind indes ziemlich außer Mode gekommen). Dafür gibt's Ausdrücke, die international geläufig sind wie geil oder cool oder super. Auch äxgüsi (Entschuldigung) oder ist nicht mehr sehr gebräuchlich

TIPP | KLEINE SPRACHFIBEL

Aufklärung tut not. Eine kleine Auswahl gebräuchlicher Worte und Redearten...

Begrüßung/Umgang

Grüezi, Hoi, Salü	Ade, Tschüss, Salü
Wi hasch's oder Wi gaht's?	Wie geht es Dir?
Weisch wie!	Toll
Chunsch drus?	Kapierst du's?
Weisch, was i meine	Hast du verstanden?
En guete	Guten Appetit
Dange, Danke vielmal, Merci	Danke

Essen, Restaurant und Küche

Isch's guat gsi?	War es gut, hat es geschmeckt?
Zmorge	Frühstück
Znüni, Zvieri	Arbeitspause am Morgen oder am Nachmittag um vier Uhr
Zmittag, Znacht	Essen mittags oder abends
Gipfeli	Hörnchen
Mutschli	Brötchen
Weggli	Milchbrötchen
Schale	Kaffee mit Milch
Kaffi Creme	Kaffee mit Kaffeerahm
Kaffi natür	Kaffee ohne Kaffeerahm
Kafi Träsch oder Fertig oder Kirsch	Kaffee mit Schnaps von Marc oder Trester bis Kirsch oder Pflümli (Pflaume)
Stange	Ein Glas Bier (0,2 bis 0,3 dz)
Dezi	Deziliter
Serviertochter	Kellnerin
Service	Trinkgeld[19] ()
Cüpli	Glas mit Champagner (Schämpis) oder Prosecco
Anke	Butter
Gschwelti	Pellkartoffeln
Chicoree-Salat	Brüsseler Salat
Nüssli	Feldsalat
Ruebli	Möhren
Wähe	Obst- oder Gemüsekuchen
Poulet, Mistchratzerli, Mischtchratzerli	Hähnchen, junges Hähnchen

[19] Der Service (Trinkgeld) ist in der Rechnung meistens bereits eingeschlossen.

Strasse und Verkehr

D'Schmier	abschätzig: die Polizei
Busse	Strafzettel
Pneu oder Finken	Reifen[20]
Garage	Autowerkstätte
Einstellplatz	private Garage
Töff	Motorrad
Halbtax	Tickets zum halben Preis[21]
Trottoir	Gehsteig, Bürgersteig

Alltag

I han di gern	Ich hab dich gern
Los emau	Hör mal zu
Gaht's no	Geht eigentlich noch?
Huere guet	sehr gut
Stutz, Stütz	Ein-, Zwei-, Fünffrankenmünze
Hasch en Stutz?	Anbetteln: Hast du einen Franken?
Aabee	WC, Toilette
Beck	Bäcker
Streel	Kamm
Chrüsimüsi	Durcheinander
Zündhölzli	Streichhölzer
Finken	Pantoffeln, Hausschuhe
Bibeli	Pickel, Mitesser
Biberli	Lebkuchengebäck
Chnopf	Kind
Chöpfli	kleine Knoten und eine Art Spätzle
Lädele, poschte	einkaufen, shoppen

[20] Man unterscheidet zwischen Winter- und Sommerpneus.
[21] Angebot der Schweizer Bundesbahnen (SBB).

Nun konnte man die Liste schier unendlich fortsetzen, doch richtig fündig wird man im Alltag und auf einer Dialekt-Website, die der 88-jährige Beat Nussbaumer mit seiner Tochter seit 2000 betreibt und belebt. Über 200 Interessierte klicken sich täglich aus aller Welt, aus 50 Ländern, ein. Nur 40 Prozent der User lebten in der Schweiz, berichtet der rührige Dialekt-Anbieter.

http://www.dialektwoerter.ch

14. KAPITEL

BILDUNG ZWISCHEN BANKEN UND BERGEN

Die Schweiz verfügt über ein ausgezeichnetes Schul- und Ausbildungssystem. Das hat Tradition und Bestand. Die Organisation ist zwar kompliziert und natürlich demokratisch, kann aber vor menschlichen Fehlern und gesellschaftlichen Mankos nicht schützen. Vorfälle in einem Zürcher Schulhaus um eine renitente Klasse, die sechs Lehrkräfte verschlissen hat, sind freilich nicht auf die Schweiz beschränkt. Elternhaus und schlampige Vorgesetzte trugen zu dieser Verwahrlosung, geistig wie praktisch, verantwortlich bei.

Erziehungsvater

Einer, der die Schweiz auf pädagogischem Gebiet geprägt hat, heißt Johann Heinrich Pestalozzi, der Vater der Schulerziehung. Der Zürcher hat sich einen Namen als Schul- und Sozialreformer, Philanthrop und Philosoph gemacht. Sein Ziel hieß: "Den Menschen stärken", damit er sich selbst helfen kann. Sein besonderes Augenmerk galt der Elementarschule (Grundschule). Pestalozzi war nicht nur ein Mann des Geistes, sondern auch der Tat. Seine Gedanken, Überlegungen und pädagogischen Ideen mit ganzheitlichem Ansatz setzte er schulmäßig um, etwa in der Armenanstalt Neuhof (1774-1780), im Waisenhaus zu Stans (1799) und in seinen Instituten zu Burgdorf (1800-1804) und Yverdon (1804-1825). Nach dem Motto "Bildung mit Herz und Hand" hat der "Gründer der neuen Volksschule, Erzieher der Menschheit" gewirkt. "Mensch, Christ, Bürger; alles für andere, nichts für sich. Segen seinem Namen!" steht auf seinem Grabstein. Das ist lange her. Einige Strassen und Plätze, etwa die "Ruhewiese" vor dem Globus-Einkaufshaus an der Zürcher Bahnhofstrasse, erinnern an den Pädagogen. Und einige Kinderdörfer tragen seinen Namen – in Trogen (Schweiz) und Stockach-Wahlwies (D).

Föderalistisches Bildungssystem

Politisch wie auch bildungspolitisch sind die Regeln, Verordnungen und Verantwortungen auf drei Ebenen verteilt – Bund (oberste Staatsbehörden), Kantone und Gemeinden. Man spricht im Bereich des Bildungswesen von einem "kooperativen Föderalismus". Das bedeutet: Man kooperiert, arbeitet zusammen, ergänzt und "verzahnt" sich. Die eine Ebene sollte mit der anderen vernetzt sein – theoretisch. Doch in der Praxis missachtet die rechte manchmal die linke Hand. Beispielsweise in der Schulferienstaffelung. Da können die Ferien von Gemeinde zu Gemeinde und auch innerhalb des Kantons zwischen verschiedenen Schulen und Gymnasien von einander abweichen. Der Semesterbeginn ist endlich innerhalb der Schweiz vereinheitlicht worden. Die unterschiedlichen Zuständigkeiten wirken sich freilich je nach Bildungsstufe auf die gesetzliche Regelung, Aufsicht und Finanzierung aus.

Grundsätzlich sind laut Bundesverfassung die Kantonen für das Schulwesen zuständig, aber auch Gemeinden backen oft ihre eigenen Brötchen. In die kantonale Regelungskompetenz fallen die Vorschulstufen (Kindergarten) und die obligatorischen Schulen (Primar- und Sekundarstufen). Der Bund sorgt prinzipiell dafür, dass im Rahmen der Primarschulbildung ein gewisses Qualitätsniveau gesichert ist und der Grundsatz des unentgeltlichen Schulbesuches gewahrt wird.

Ein Überblick

- **Vorschulstufe**

- **Obligatorische Schule (mindestens neun Jahre)**
  Primarschule (1. bis 4./6.Schuljahr, je nach Kanton) und Sekundarstufe I

- **Sekundarstufe II**
  allgemeinbildende Schulen, berufliche Grundbildung

- **Tertiärstufe**
  Höhere Berufsbildung, Fachhochschulen,
  kantonale Universitäten, ETH-Bereich

Achtung: Jeder Kanton hat seine eigenen Regeln und Strukturen. Das Beispiel der Volksschule im Kanton St. Gallen. Die Volksschule umfasst hier den Kindergarten, die Primarschule sowie die Oberstufe (Sekundarschule und Realschule). Kinder mit besonderen Bedürfnissen werden in Kleinklassen, wenn möglich, oder in Sonderschulen unterrichtet.

Nähere Informationen erhalten Sie unter
http://www.sg.ch/bildung/volksschule

Matura und Uni

Hinter dem Begriff „Sekundarstufe II" verbirgt sich auch das Gymnasium. Die Verantwortung tragen die Kantone, doch der Bund stellt sicher, dass der Maturitätsausweis (Abitur) gleichwertig ist und den Mindestanforderungen schweizweit entspricht. Auch Privatschulen streben die eidgenössisch anerkannten Matura an, hier gilt eine separate Verordnung des Bundes.

Um zu einem Studium an einer schweizerischen Universität zugelassen zu werden, bedarf es eines Maturitätszeugnisses (in Deutschland: Abitur). Die geltende Maturitäts-Anerkennungsverordnung (kurz: MAV) sieht zwei Wege vor: Erlangen eines Maturazeugnis an einem anerkannten Gymnasium oder Ablegen einer zentralen Prüfung, von der Schweizerischen Maturitätskommission organisiert. Seit gut zehn Jahren ist eine MAV in Kraft, die ein Wahlfachsystem mit entsprechendem Rahmenlehrplan vorsieht. Das bedeutet:

- 7 Grundlagenfächer
- 1 Schwerpunktfach
- 1 Ergänzungsfach.

In diesen Fächer kann der Gymnasiast, die Gymnasiastin geprüft werden. Vorgängig verfassen die Schüler eine Maturitätsarbeit.

Zulassung und Hochschulen

Wer studieren will, benötigt also wie in Deutschland den entsprechenden Nachweis, das ist die Matura (Abitur). Seit 2003 wird aber auch der Berufsmaturitätsausweis für die Zulassung an einer universitären Hochschule anerkannt. Für deutsche Studenten und Studentinnen genügt in der Regel das Abiturzeugnis.

Im **medizinischen Bereich** ist das freilich auch in der Schweiz anders. Zu den Medizinalprüfungen (Propädeutik und Staatsexamen) müssen Kandidaten ihren Abiturnachweis von der Maturitätskommission anerkennen lassen, eventuell gar Zusatzprüfungen ablegen. Die Entscheidung über Zulassung liegt in der Kompetenz der jeweiligen Universität. Ein Numerus clausus in Form einer Eignungsprüfung wurde infolge massenhaften Andrangs eingeführt. Ausländische Studienbewerber haben sehr geringe Chancen, in den Fachrichtungen Human-, Zahn- und Veterinärmedizin aufgenommen zu werden. Also besser in Deutschland studieren und in der Schweiz beruflich ankern!

Weiterführende Informationen erhalten Sie beim Staatssekretariat für Bildung und Forschung SBF in Bern:
http://www.sbf.admin.ch/bildung/matura

Die höhere **akademische Schulbildung (Tertiärstufe)** bieten an:

1. die **zehn kantonalen Universitäten**
   Basel, Bern, Fribourg/Freiburg, Genève (Genf), Lausanne, Lugano, Luzern, Neuchatel (Neuenburg), St. Gallen und Zürich, sowie

2. die zwei Eidgenössischen Technischen **Hochschulen**
   Die ETH Zürich und ETH Lausanne sind wissenschaftlich-technische Forschungsuniversitäten. Sie orientieren sich an den höchsten internationalen Standards und sind international hoch angesehen. Der Ursprung der ETH geht auf 1854 zurück. Die älteste Universität der Schweiz befindet sich in Basel, 1460 gegründet.

   Die beiden ETH-Standorte werden quasi durch **vier Forschungsanstalten** ergänzt:

   - Paul Scherrer Institut (PSI)
   - Eidgenössische Forschungsanstalt für Wald, Schnee und Landschaft (WSL)

- Eidgenössische Materialprüfungs- und Forschungsanstalt (EMPA)
- Eidgenössische Forschungsanstalt für Wasserversorgung, Abwasserreinigung und Gewässerschutz (EAWAG).

Zu den genannten Unis und ETHs kommen sieben **Fachhochschulen** (FS) hinzu, sie bilden die zweite tragende Säule des Schweizer Hochschulsystems und streben eine enge Verbindung von Wissenschaftlichkeit und Praxisnähe an. Sie haben den Auftrag, "berufs- und anwendungsorientierte Hochschulstudien anzubieten", vor allem für diejenigen, die eine Berufsbildung abgeschlossen haben. Über den Fachhochschulbereich informiert das Bundesamt für Berufsbildung und Technologie BBT:
http://www.sbf.admin.ch/htm/bildung/study

Die Schweiz verfügt über ein dichtes Schul- und Hochschulsystem. Darüber kann auch die Tatsache nicht hinweg täuschen, dass auf dem Land in der Grundschule (Primarschule) bisweilen auch drei Klassen in einer unterrichtet, Lehrer von den Schülern gemobbt werden, oft von den Eltern, vereinzelt auch von Schulbehörden und Vorgesetzten wie etwa in einem Zürcher Fall im Stich gelassen werden. Die Schweiz ist berühmt für ihre internationalen Internate, etwa in Zuoz, St. Gallen, für die Klosterschule Einsiedeln oder andere elitäre Institute im Kanton Zug, in Graubünden oder im Welschland.

Im Frühjahr 2007 hat der Bundesrat 21,2 Milliarden Franken beim Parlament für die Bildung, Forschung und Innovation (BFI) für die Jahre 2008 bis 2011 beantragt, um so "einen leistungsfähigen Denk- und Werkplatz Schweiz" zu sichern.

Weiterbildung

Kurse werden allerorten angeboten. Bekannt sind die Migros-Schulen mit einem breitem Spektrum von Angeboten in allen Sparten (Hobbys, Sprachen, Computer, Aus- und Weiterbildung). Natürlich finden sich diverse Sprachkurse zuhauf bei Berlitz oder Benedict.

Über gute Schulen, kaufmännische Aus-/Weiterbildungen, Sprachschulen und -aufenthalte, Informatik, Industrie/Gewerbe, Gesundheit, Hochschulen, Seminare, gute Schulen oder Neuorientierungen orientiert und berät http://www.ausbildung-weiterbildung.ch

Rudolf Steiner und Minerva

„Rudolf-Steiner-Schulen" sind ein Begriff. Dieses international angesehene Privatinstitut hat sich zum Motto gemacht: Vertrauen wecken – Interesse nähren.

Dazu gehört auch die Erziehungspartnerschaft zwischen Schule und Elternhaus fördern und vertiefen. Diese Institute sind autonome öffentliche Schulen in nicht staatlicher Tradition und stehen allen Schülern offen, unabhängig von Religion und politischer Haltung. Sie orientieren sich an den Entwicklungsbedürfnissen der jungen Menschen, die zur Selbständigkeit angeregt, in ihrer Initiativkraft unterstützt, in ihrem sozialen Verantwortungsbewusstsein und bei ihren schöpferischen Fähigkeiten bestärkt werden sollen. Diese Schulen bieten pädagogisch-didaktische Betreuung vom Kindergarten bis zum zwölften Schuljahr an und sind über die ganze Schweiz verteilt. Infos unter http://www.steinerschulen.ch

Seit über 100 Jahren werden Minerva Privatschulen in der Region Nordwestschweiz (Basel, Basellandschaft) geführt. Diese staatlich anerkannte Schule fördert auf allen Stufen die Persönlichkeitsentfaltung, Lebensfreude, Leistungsbereitschaft und Entwicklung der Sozialkompetenz. Nähere Informationen erhalten Sie unter:

http://www.minerva-schulen.ch und
http://www.institutminerva.ch

15. KAPITEL

DER WERT DER EIGENEN VIER WÄNDE: IMMOBILIENMARKT

Die Baubranche boomt. Der Immobilienmarkt blüht. Ca. 44.000 Wohnungen werden im Jahr 2007 angeboten, und es werden immer mehr. Die Nachfrage hält an dank konjunkturellem Rückenwind, prognostizieren Analysten. Das bedeutet freilich nicht, dass die Preise markant fallen. Nach wie vor steht der Wunsch nach einem Eigenheim zu oberst auf der Wunschliste, nicht nur der Schweizer.

Lex Koller

Das sogenannte „Lex Koller", das seine Ursprünge in den Zeiten von Überfremdungsinitiativen in den Siebzigerjahren hatte, regelte den Erwerb von Grundstücken durch Ausländer. Einst sollte das Gesetz den Ausverkauf der Heimat eindämmen. Heutzutage wird das Lex Koller nur noch beim Erwerb von Ferienwohnungen und von nicht selbst genutztem Eigentum angewandt. Die Nachfrage in Tourismusregionen ist nach wie vor rege und kann nicht immer befriedigt werden. Das jährliche Kontingent von 1.400 Ferienwohnungen für Ausländer pro Jahr wird nahezu hundertprozentig ausgeschöpft. Gefragt sind vor allem die Kantone Bern, Graubünden, Waadt, Wallis und das Tessin natürlich, die Sonnenstube der Schweiz, wo's auch mal saftigen Regen geben kann. Einschränkungen bei betrieblich genutzten Grundstücken gibt es keine. Sie können von Ausländern bewilligungsfrei gekauft werden, auch wenn sie selbst kein Gewerbe darauf betreiben. Grundsätzlich hält der Bundesrat das Lex Koller für überholt. Es wird durch raumplanerische Maßnahmen ersetzt, soll aber nicht vor 2010 aufgehoben werden. Der Hintergedanke: Der Bundesrat erhofft sich volkswirtschaftliche Impulse und einen Ausbau des Mietwohnungsangebots. Vorrangig geht es nun darum, den ausufernden Bau von Ferien- und Zweitwohnungen, egal ob in ausländischem oder schweizerischen Besitz, in den Griff zu bekommen und gegebenenfalls einzuschränken. Kantone und Gemeinden sind gefordert und müssen flankierende raumplanerischen Maßnahmen ergreifen.

Zweitwohnungen

Die Schweiz ist zugepflastert mit weit über 400.000 Ferien- und Zweitwohnungen, rund 20 Prozent gehören Ausländern. Das hat teilweise zu Auswüchsen in Wintersport- und Ferienorten geführt, etwa in den Gebieten von St. Moritz, Flims/Laax oder Verbier. Die Wohnungen werden nur für einen Bruchteil des Jahres genutzt und stehen meistens leer. Eine Studie des Instituts für öffentliche Dienstleistungen und Tourismus der Universität St. Gallen hat 2005 herausgefunden, dass die rund 360.000 Betten in den Ferienwohnungen über 300 Tage im Jahr leer und "kalt" bleiben. Der Zweitwohnungsanteil in beliebten Ferienorte ist enorm: in Laax über 80 Prozent, in Leukerbad über 70 Prozent, in Flims rund 70 Prozent, in Arosa 60 Prozent, in Engelberg ebenfalls 60 Prozent und in St. Moritz über 50 Prozent. Engadiner Gemeinden haben Einschränkungen erlassen. Im Oberengadin sind nur noch 100 neue Ferienwohnungen jährlich erlaubt, die auf den Immobilienmarkt kommen. Es wird freilich weitergebaut – in Massen.

Eigenheim

Der jährliche Bedarf umfasst rund 36.000 Wohnungen (Erstwohnungen) in der Schweiz. Dazu kommen etwa 5.000 Ferienwohnungen. Jeder Mensch braucht seine Insel, sein Zuhause, seine Oase. Ein Refugium, in dem er sich zurücklehnen, entspannen, genießen – sich eben heimisch wohl fühlen kann. Wohnqualität ist wichtiger Teil der Lebensqualität. Und das Wohnen in den eigenen vier Wänden genießt hohe Priorität. Stockwerkeigentum heißt das Zauberwort. Diese Form von Eigentumswohnung wurde zum Renner, auch weil diese Form um ein Drittel bis rund die Hälfte günstiger ist als ein Einfamilienhaus. Die Form des Stockwerkeigentums mildert die teuren Landpreise und verteilt sie an die verschiedene Personen (siehe übernächster Abschnitt).

Das Bauland, das in der Schweiz noch zur Verfügung steht, ist knapp bemessen und gefragt. Entsprechend hoch sind die Grundstückspreise, die häufig ein Drittel oder mehr des Objektpreises ausmachen. Stockwerkeigentum hat sich als hervorragende Alternative zur Mietwohnung entwickelt, vor allem für gut verdienende Singles, junge Paare und Doppelverdiener oder ältere Menschen, deren Kinder flügge (selbständig) geworden sind und die ihr Einfamilienhaus aufgeben wollen. Für sie bildet Stockwerkeigentum eine ideale Wohnform und ist eine erschwingliche Eigentumsvariante.

TIPP | ENERGIE SPAREN: MINERGIE

In Deutschland ist der Begriff weniger bekannt. Dieses Schlagwort ist eine Marke. Sie findet sich immer häufiger auf Immobilienseiten der Zeitungen und Zeitschriften: Minergie. Im Grunde genommen ist es ein Verein, der diesen Stempel, dieses Etikett "erfunden" hat und trägt. Es geht um Baustandardisierung, will heißen um eine gewisse Qualität beim Bauen, um umweltbewusstes Bauen, das versucht, den Energieaufwand gering zu halten, Energien breit zu nutzen und gleichzeitig die Lebensqualität zu verbessern. Der Kern dieser Bauphilosophie zielt auf eine intensive Vernetzung von Bauhülle, Energiereduzierung und ausgewogene kombinierte Haustechnik. Die Marke Minergie steht für ein zukunftsorientiertes Gesamtsystem. Motto: "Mehr Lebensqualität, tiefer Energieverbrauch".

Doch das ist nur ein Teil, wenn auch ein wichtiger, im Bereich Bauen, Sanieren, Wohnen. Architekt und Energieberater Peter Ackermann, Wettswil, ZH, denkt weiter, denkt umfassender. Bei ihm beginnt das Bauen mit dem bewusst gesuchten Standort, mit günstigen gesellschaftlichen Beziehungen und verkehrstechnischen Anbindungen. Sein Konzept, das er mit seinem Partner, den Architekten Rémy Ammann, Zürich, ausgearbeitet hat und realisiert, vernetzt die Komponenten Bodennutzung, Erschließung, Bausubstanz, Haustechnik, Ausbau, Nutzungsvielfalt, marktgerechte Kosten und langfristige Werterhaltung. Wenn man so will: Mineregie potenziert.

Nähere Informationen unter http://www.a-architekten.ch

Eigenkapital

"Schaffe, schaffe, Häusle baue" – Der Traum vom Eigenheim muss nicht ein Traum bleiben. Die eigenen vier Wände stehen ganz oben auf der Wunschliste. Kühl kalkuliert: Bis zu 80 Prozent eines Bauvorhabens, etwa eines durchschnittlichen Einfamilienhauses, kann durch Hypotheken gedeckt werden. Selbst müsste man dann noch mindestens 20 Prozent Eigenkapital aufbringen. *"Der Anteil der Haushalte, welche über Mittel in dieser Höhe verfügen, liegt bei ungefähr 30 Prozent, weshalb die Nachfrage nach Einfamilienhäusern nach oben limitiert ist"*, vermerkt ein Analyst der Credit Suisse in der Studie "Immobilienmarkt 2007". "Im Falle von Stockwerkeigentum genügen drei Viertel dieser Summe, also rund 110.000 Franken, was unter Einrechnung allfälliger Verpfändungen von Pensionskassenguthaben von mehr Haushalten aufgebracht werden kann."[22]

Das Eigenheim ist auch in der Schweiz nicht so fern und unerreichbar, wie manche denken. Ein Blick auf die Inseratsseiten (Anzeigen) zeigt, dass es auch in der "begrenzten" Schweiz viele Möglichkeiten gibt, ein Dach über dem Kopf zu haben – nach eigenen Wünschen und Bedürfnissen. Das kann eine Attikawohnung (mit Dachterrasse) oder Maisonettewohnung (über zwei Stockwerke) sein, ein Minergiehaus, ein Loft oder gar ein Schloss sein, beispielsweise im Bodenseeraum. Es kommt eben auf den Franken an.

Was **Mieten** angeht, hilft eine aktuelle Untersuchung des IAZI Swiss Property Benchmark[23] weiter. Hier werden jährlich 6.000 Renditeliegenschaften unterschiedlichster Nutzung analysiert. IAZI

---

[22] Siehe auch Kapitel Hypotheken

[23] http://www.iazi.ch

ist ein Informations- und Ausbildungszentrum für Immobilien in Zürich-Oerlikon. Man erfährt beispielsweise, dass die tiefsten Mieten pro Quadratmeter Nutzfläche (pro Jahr) in La Chaux-de-Fonds (132 Franken), Schaffhausen (140 Franken) und Langenthal (145 Franken), die höchsten in Carouge bei Genf (266 Franken), Zürich (245 Franken) und Lugano (241 Franken) gezahlt werden.

Tendenziell werden sich die Mieten stabilisieren. Fachleute rechnen mit einer Beruhigung und einer maximalen Erhöhung von 2 Prozent im laufenden Jahr. Dies gilt nicht für die Westschweiz (Genf, Waadt und Wallis). Hier dürften die Mieten aufgrund der hohen Nachfrage weiter anziehen.

Über Wohnungen zum Kauf oder Miete informieren große Immobilienportale beispielsweise:

http://www.homegate.ch
http://www.remax.ch
http://www.engelvoelkers.com
http://www.immoscout24.ch

Stockwerkeigentum

Es ist eine besondere Form des Miteigentums. Man ist nicht nur Eigner seiner vier Wände, sondern auch Grundstücksmiteigentümer. Diese Anteile werden in Hundertstel oder Tausendstel des Liegenschaftswertes angegeben und im Grundbuch eingetragen. Im Text des Schweizerischen Zivilgesetzbuches hört sich das stocksteif folgendermaßen an:

> *"Der Stockwerkeigentümer ist in der Verwaltung, Benutzung und baulichen Ausgestaltung seiner eigenen Räume frei, darf*

jedoch keinem anderen Stockwerkeigentümer die Ausübung des gleichen Rechtes erschweren und die gemeinschaftlichen Bauteile, Anlagen und Einrichtungen in keiner Weise beschädigen oder in ihrer Funktion und äusseren Erscheinung beeinträchtigen. Er ist verpflichtet, seine Räume so zu unterhalten, wie es zur Erhaltung des Gebäudes in einwandfreiem Zustand und gutem Aussehen erforderlich ist."

Mit anderen Worten: Man ist sein eigener Herr oder seine eigene Frau in einem bestimmten Rahmen, aber eben auch Teil einer Gemeinschaft. Da kann nicht jeder machen oder malen, grillen oder Party feiern, wie er will. Es kann auch Zoff geben. Im Benutzen gemeinsamer Grundstücks- oder Gebäudeteile lauert Konfliktstoff. Das soziale Verhalten und die gegenseitige Verantwortung spielen also eine wichtige Rolle. Man ist gut beraten, das Reglement der Stockwerkeigentumsgemeinschaft zu prüfen und sich mit den Gegebenheiten auseinander zu setzen. Oberstes Organ einer solchen Gemeinschaft ist die GV (Generalversammlung) der Stockwerkeigentümer. Sie findet gewöhnlich einmal jährlich statt.

http://www.hausinfo.ch
http://www.stockwerk.ch
http://www.hev-schweiz.ch

Wohn- und Steueroasen

Es ist kein Geheimnis, dass das Steuerparadies Schweiz auch in sich kleine Steueroasen besitzt. Solche Plätze sind gesucht, beispielsweise an den Ufern des Zürichsees (Untersee), die zum Kanton Schwyz gehören, oder rund um den Zugersee. Doch dort ist die Nachfrage nachhaltig groß, aber das Angebot rar und teuer. Die Grundstückspreise haben es in sich. Toplagen, wenn sie denn überhaupt auf dem Markt kommen, gehen weg wie warme Semmeln. Steuergünstige Kantone und Gemeinden zahlen sich aus (siehe Kapitel Obwalden). Auch der Kanton Nidwalden am Vierwaldstättersee ist verlockend. Am Anfang des Jahres wurden dort Steuern für Ehepaare, Familien und Unternehmen herabgesetzt. Kapital- und Gewinnsteuer sollen in allen Gemeinden des Kantons auf ein einheitlich tiefes Niveau gesenkt werden. Diese Perspektiven haben eine rege Bautätigkeit in Gang gesetzt, etwa in den Gemeinden Hergiswil, Ennetbürgen oder Stans.

Vielversprechend sind auch die Lagen in der Nähe des Bodensees, etwa im Kanton Thurgau. Das Schweizer Monatsmagazin "Immobilien Business" sprach im Frühling 2007 von einer "neuen deutschen Welle". Schweizer Grundstücke und Projekte in Grenznähe, etwa im Raum von Konstanz, sind begehrt – bei Deutschen, die in der Schweiz arbeiten, ihre Kinder aber in deutsche Schulen schicken. Die attraktive Lage mit Blick auf See und Alpen (Säntis) entdecken nun auch Schweizer oder Städter, die es aufs Land und in eine kulturell reiche Region zieht.

Steuergünstig

Gemeinden wie Zug, Wollerau oder Sarnen sind dafür bekannt, dass sie fiskalisch gnädig gestimmt sind. Will heißen: Die Steuerabgaben sind dort spürbar niedriger. Doch die Kasse stimmt erst, wenn man Steuern und Immobilienpreise zusammenbringt. Das heißt: Die steuergünstigste Gemeinde ist nicht billigste. Ein Preisatlas der Immobilienspezialisten des Beratungsunternehmens Wüest & Partner zeigt, wie teuer wo ein Einfamilienhaus, etwa ein Neubau, kommt, entsprechend der Grundstücksfläche, Lage und des Ausbaus. Die Marktwerte werden nun mit den Steuern einer Gemeinde kombiniert. Und so entstand ein Liste von über 70

Steueroasen in der Schweiz, aufgeschlüsselt nach Einkommen und vermögen sowie Kosten einer Luxusimmobilie, publiziert im Magazin "Immobilien Business" (September 2006).

Wertvolle Hinweise über Marktwerte findet man auf der Internetseite http://wuestundpartner.com

16. KAPITEL

FREMDENVERKEHR ODER: BERGE UND BAHNEN

Für viele gilt die Schweiz als das Land, wo Milch und Schoggi (Schokolade) und Franken fließen. Sie zehrt noch immer vom Postkartenidyll und ist ein beliebtes Ferienziel, inzwischen auch für Japaner, Chinesen und Inder, die hier vor schöner Alpenkulisse den einen oder anderen Bollywood-Schmachtstreifen gedreht haben. Der Schweiz größtes Kapital sind ihre Landschaften. Und tatsächlich kann man diese Postkartenidylle auch heute noch erleben. Fraglos ist der Tourismus ein bedeutender Wirtschaftszweig – sommer- wie wintertags. In den letzten Jahren gaben ausländische Gäste allein in Hotels, Jugendherbergen oder auf Campingplätzen über 6 Milliarden Franken jährlich aus. Im Jahr 2004 beispielsweise sorgten ausländische Touristen in der Schweiz für Einnahmen von 13,1 Milliarden Franken, das entsprach 3 Prozent des Bruttoinlandsprodukts.

Hehre Hotelpaläste

Der Fremdenverkehr ist im 19. Jahrhundert ein zunehmend wichtiger wirtschaftlicher Faktor geworden, vor allem dank der unternehmungslustigen Engländer. Die Insulaner entdeckten die Schweizer Berge – und eroberten sie. Einheimische Bergführer geleiteten die Fremden in hehre Höhen. Hotelpaläste schossen in der Belle Epoque aus dem Schweizer Boden wie die Pilze, etwa der Kronenhof in Pontresina (ab 1848, dann mit diversen Ausbauten 1896-1898 zum Grand Hotel Kronenhof und Bellavista erweitert), der Hotelpalast Victoria Jungfrau in Interlaken (Eröffnung 1865), Badrutt's Palace in St. Moritz (seit 1896), das Grand Hotel Dolder in Zürich (1899), das zurzeit renoviert und erweitert wird (Wiedereröffnung im Frühjahr 2008) oder das Palace Luzern (1906). Nicht zuletzt sei auch das Grand Hotel Palace in Locarno erwähnt, das in einem Zug mit der Gotthardbahn gebaut und 1876 eröffnet wurde. 1895 wurde hier ein gewisser César Ritz Maïtre d'Hôtel. 1925 logierten Delegierte der Friedenskonferenz in diesem erhabenen Haus, bei der es um die Aufnahme Deutschlands in den Völkerbund ging. Tempi passati – das Grand Hotel, über Jahrzehnte Treffpunkt der Filmfreunde aus aller Welt beim Filmfestival in Locarno, wurde indes geschlossen und in einen Dornröschenschlaf versetzt. Ob je ein (kapitalkräftiger) Prinz die Festivalstadt am Lago Maggiore heimsucht und das Grand Hotel wach küsst, ist sehr fraglich und ungewiss.

Literarische Spuren

Manche literarische Figuren fördern bis heute den Schweizer Fremdenverkehr. Man denke etwa an das Bergmaitli Heidi, heute würde man wohl vom Mountain-Girlie reden, das seine Heimat verlassen musste und in Frankfurt krank wurde. Johanna Spyris heimwehkranke Heidi wurde zu einem touristischen Markenartikel. Hoch geschätzt von japanischen Besuchern. Im Bündnerland streiten sich Regionen, wer das bessere Heidiland bietet: Maienfeld oder St. Moritz? Natürlich muss in diesem Zusammenhang auch ein gewisser englischer Schlauberger namens Sherlock Holmes samt Gehilfe Dr. Watson genannt werden. Pfeifenraucher Holmes lockt seit über 100 Jahren Touristen an. Der Meisterdetektiv soll im Kampf gegen seinen Erzfeind Professor Moriarty an den Reichenbachfällen bei Interlaken am 4. Mai 1891 zu Tode gekommen sein. Auf Druck der Leser hat Autor Sir Arthur Ignatius Conan Doyle jedoch seinen Helden 1902 auferstehen lassen. Gleichwohl ist der Tatort bei Interlaken bis heute ein Anziehungspunkt geblieben – mit Museum, Touren und Krimi-Events.

Den Nationalhelden Wilhelm Tell (Schiller sei Dank!) haben wir bereits mehrfach erwähnt. An die vermeintlichen Stätten seiner Taten pilgern vor allem die Schweizer selber – zum Telldenkmal in Altdorf, zur Tellkapelle, zum Tellsprung und zur traditionellen Rütliwiese. Und man kann ihm wahrhaftig begegnen – bei den Tell-Spielen in Altdorf oder Interlaken. Die diesjährigen Tell-Freilichtspiele von Interlaken, die 1912 gegründet wurden, finden am Rugen in Matten statt: vom 21. Juni bis 8. September 2007.[24]

Quasi an historischer Stätte, in Altdorf, ist eine Tell-Neuinszenierung von Volker Hesse, ehemaliger Direktor des Gorki-Theaters, Berlin, für das Jahr 2008 geplant.

Der Gotthard

Die touristische Erschließung der Schweiz begann mit dem Bau der Eisen- und Bergbahnen. Und diese Geschichte wurde mit Schweiß und Blut und Eisen geschrieben. Von einem "helvetischen Weltwunder" spricht Helmut Stalder in einer Spezialbeilage des Zürcher "TagesAnzeiger" vom März 2007: "Nur wenige Bauwerke der Welt haben eine Bedeutung erlangt, die über ihren profanen Zweck hinaus weist und sie zu Symbolen macht: die Pyramiden von Gizeh, der Leuchtturm des antiken Alexandria, der Petersdom, Schloss Versailles, der Eiffelturm, das Empire State Building. Solche Bauten werden als antike oder moderne ‚Weltwunder' bezeichnet... Zu den Verkehrsbauten von Weltgeltung gehört die

24 http://www.tellspiele.ch

Gotthardbahn. Die am 1. Juni 1882 eröffnete, 206 Kilometer lange Stammstrecke Immensee-Chiasso mit dem großen Tunnel am Gotthard markierte eine neue Epoche und versetzte Zeitgenossen im In- und Ausland in einen Taumel von Freude und Zukunftsglaube. Man feierte ihren Bau als ‚Sieg über die Vertikale'. Diese Weltbahn sei der ‚Suezkanal durch die Alpen'."

Fortschrittsglauben

Die Gotthardbahn war Ausdruck eines visionären Fortschrittsglaubens im 19. Jahrhundert. Das Jahrhundertwerk spiegelt nicht nur ein Stück Verkehrs-, sondern auch Sozialgeschichte wieder. Und nun wird am neuen Neat-Basistunnel für die Gotthardlinie gebaut, in zehn Jahren soll er fertig sein. Gut für die Bahn und die Nord-Süd-Verbindung auf Gleisen..

Indes quälen sich Abertausende von Autofahrer durch die 14-km-Gotthard-Strassenröhre von Göschenen nach Airolo, die kein großer Entwurf, sondern von kleinkariertem Denken geprägt wurde. Am 5. Mai 1970 wurde mit den Bauarbeiten begonnen, am 5. September 1980 erfolgte die Verkehrsübergabe. Dieser Tunnelbau sollte eine wintersichere Verbindung zwischen Uri und dem Tessin herstellen. Man begnügte sich mit zwei statt vier Spuren (und einem Sicherheitsstollen). Ausdruck schweizerischen Mittelmaßes eben. Infolge der verheerenden Brandkatastrophe im Straßentunnel ist die Röhre zum Sicherheitsrisiko geworden. Lastwagen werden nun in einem komplizierten Prozedere durchgeschleust und der Personenverkehr durch eine schwer nachvollziehbare Ampelstrategie gebremst. Im Tessin werden kilometerlang Spuren für den Schwerverkehr, selbst an Sonn- und Feiertagen. frei gehalten. Pure Verwaltungswillkür. Nur gut gibt es den guten alten Gotthardpass noch, der freilich, stur wie Urner oder Tessiner Beamten und Verwalter auch sein können, erst im Mai geöffnet wird. Eine Fahrt über den rauhen Berg ist freilich jederzeit ein Ereignis und Erlebnis!

Das Meisterwerk lebt: Die Gotthardbahn feiert im Sommer 2007 ihren 125. Geburtstag. Im Bauch dieses Gneis- und Granit-Ungetüm, diesem Scheidepunkt zwischen Nord und Süd, Uri und Tessin, haben Menschen einen Weg gebohrt, gebahnt – für die Bahn. Bis zu 15.000 Arbeiter (August 1880) schufteten auf den Zufahrtslinien und im Tunnel. Die Bauzeit betrug 3.330 Tage à 24 Stunden, also rund zehn Jahre. Beim eigentlichen Tunnelbau verunglückten 177 Arbeiter tödlich, auf den Zufahrtsstrecken 113. Drei Länder waren beteiligt: Deutschland, Italien und die Schweiz. Kostenvoranschlag: 187 Millionen Franken, es wurden annähernd 230 Millionen. Man übertrug Louis Favre die Leitung des Tunnelbaus (er starb 1879 im Tunnel). Die Arbeiten begannen am 1. Oktober 1872, Ende Dezember 1881 wurden sie beendet. Die Eröffnung des Gotthardtunnels wurde feierlich am 22. und 23. Mai 1882 in Luzern und Mailand gefeiert. Das 1882 in Betrieb genommene Eisenbahnnetz Immensee-Flüelen-Göschenen-Airolo-Biasca-Cadenazza-Pino umfasst 240 Kilometer.

Zu diesem Jubiläum stehen verschiedene Veranstaltungen an:

- Reisen im Führerstand einer Lokomotive (600 Franken) auf der Strecke Arth-Goldau-Locarno oder umgekehrt bis 31. Dezember 2007; http://www.sbb.ch/gottardo

- Pangottardo: Reisen im Panoramawagen, Augenmerk auf die sieben Kehrtunnel mit Filmeinspielungen und Kommentaren bis 28. Oktober

- Fahrten mit dem historischen Dampfzug am 31. Mai, 1. und 2. Juni

- Freilichtspiel “D’Gotthardbahn” in Göschenen (Juli und August)

- Volksfest in Erstfeld, Uri und Biasca, Tessin am 8. und 9. September; http://www.sbb.ch/gotthard

- Eröffnung eines Erlebnispfades am 28. Juni: Bahnwanderweg auf beiden Seiten des Tunnels

- Mitte September Schülerlager mit rund 1.000 Schülern aus der ganzen Schweiz: Projektwochen

- Ausstellung im Schweizer Verkehrshaus, Luzern: “Alpenqueren - teuflisch spannende Geschichte”; http://www.-verkehrshaus.ch

Bergbahnen

Der Gotthard ist eine Sache, und die Verkehrsgeschichte der Schweiz begann vielleicht dort. Doch sind im gleichen Atemzug die zahllosen Bergbahnen zu nennen, welche via Zahnstange und Zahnrad Bergregionen erschlossen. Man nehme die Rigi (nicht den Rigi!). Zur Überwindung größerer Steigungen hatten Pioniergeister wie der Ingenieur Niklaus Riggenbach ein raffiniertes System ausgetüftelt. Mittels Zahnstange in der Gleismitte und Zahnrad der Lokomotive konnten auch steile Abschnitte bewältigt werden. 1871 wurde die Vitznau-Rigi-Bahn am Vierwaldstättersee eröffnet. Sie besitzt heute noch den weltweit ältesten betriebsfähigen elektrischen Triebwagen und wurde zum Vorbild weiterer Bergbahnen. Zwei Jahre nach der “bahnbrechenden Lösung” der Rigi fasste man das Projekt Pilatus ins Auge. Ende März 1886 wurde mit dem Bau begonnen. In dreijähriger Bauzeit – es konnte nur in den Sommermonaten gearbeitet werden – ist die steilste Zahnradbahn der Welt (mit 48 Prozent Steigung) gebaut worden – für einen Pauschalpreis von 1,9 Millionen Franken. Der Betrieb wurde am 4. Juni 1889 aufgenommen. Die Bergfahrt dauerte 70 Minuten und kostete 10 Franken, die Talfahrt 90 Minuten und kostete 6 Franken. Klar, heute geht's schneller, kostet aber mehr, nämlich für die Strecke Kriens oder Alnachstad – Pilatus retour 58 Franken (ca. 38 Euro) oder 29 Franken (Kinder).

Eine schwebende Drahtseilbahn Pilatus – Klimsenhorn wurde in Angriff genommen, doch das Projekt wurde 1894 eingestellt. Die Pilatusbahngesellschaft und der Schweizerischen Alpenclub murrten und leisteten Widerstand. Die einen aus Konkurrenzgründen, die anderen aus Umweltgründen schon damals (Verschandelung der Landschaft!). Heutzutage kann man gleichwohl mit der Luftseilbahn von Kriens/Luzern in rund 30 Minuten bis zur Station Fräkmüntegg schweben. Aber das ist eine andere Geschichte...
http://www.pilatus.ch

Brünigbahn

Natürlich darf man in diesem Zusammenhang die berühmte Brünigbahn nicht unterschlagen. Schon Mitte des 19. Jahrhunderts dachte man an eine solche Alpentransversale. Die Schienenverbindung Berner Oberland und Zentralschweiz wurde geplant und 1873 projiziert. Sie sollte von Interlaken über Brienz und unter dem Brünigpass bis Lungern, Alnach und Luzern führen. Das Projekt einer Schmalspurbahn setzte sich durch. In anderthalb Jahren war die Strecke Brienz – Alnachstad fertig. Ab 14. Juni 1888 verbanden Züge den Brienzersee mit Vierwaldstättersee. Doch es dauerte lange bis zum Endausbau nach Interlaken. 1903 ging die Brünigbahn in den Besitz der Schweizerischen Bundesbahnen (SBB) über. Diese Schmalspurbahn ist bis heute einzigartig geblieben: Sie überwindet auf einer Länge von 74 Kilometern (13 Tunnels, 28 Brücken) auch 1002 Meter Höhe und verbindet fünf Seen.

Das Verkehrshaus

Er war jahrzehntelang Direktor des Verkehrshauses Luzern, exakt von 1957 bis 1979, engagiert und initiativ. 1981 bis 1990 amtete der Luzerner Alfred Waldis (Jahrgang 1919!) als Präsident des Verkehrshauses, seither ist er Ehrenpräsident. Ein leidenschaftlicher Berggänger und Verkehrsexperte, der die Forscherfamilie Piccard ebenso gut kennt wie Flug- und Weltraumpioniere. Seit fundamentales Buch über die Schweizer Verkehrsgeschichte, 2001 erschienen, hat bis heute Gültigkeit: "Es begann am Gotthard" bietet einen Streifzug durch Zeiten und Landschaften. Es handelt von Bahnpionieren, Unternehmern und Museen "als Bewahrer von Tradition und Fortschritt". Ein Stück spannende Kulturgeschichte.

Alfred Waldis hat vor allem das Verkehrshaus der Schweiz in Luzern, am 1. Juli 1959 eröffnet, stark geprägt und in Schwung gebracht. Anschaulich, bisweilen spielerisch führt es Vergangenes und Fortschrittliches vor Augen. Man bewegt sich als Besucher zwischen Luft und Raum, Wasser und Schiene, Auto und U-Boot, zwischen Sternen (Planetarium) und Globus. Der modernen Kommunikation wird ebenso Raum eingeräumt wie künstlerischem Schaffens. Und das präsentiert sich in den Werken des Luzerners Hans Erni. Der Maler, Grafiker und Gestalter hat im Erni-Museum eine Heimstätte gefunden. Nicht vergessen sollte man das IMAX-Filmtheater, das nach einer langen Entwicklungszeit infolge Einsprachen etc. im Jahr 1996 eröffnet wurde. Nun konnte man wahrlich in "Switzerland" eintauchen, dem Film, der bereits 1991 für das 700-Jahr-Jubiläum der Schweiz entstanden war. Das Imax lädt ein zu fesselnden Reisen über und in die "Die Alpen" (40 Minuten). Nähere Informationen unter http://www.verkehrshaus.ch.

Luftseilbahnen

Sie sind spektakulär und nicht jedermanns Sache: die Gondeln und Luftseilbahnen. Der Blick in die Tiefe kann beängstigend, aber auch berauschend sein. Diese rasanten luftigen Lifte überwinden die größten Steigungen, zerklüftete Gelände und Abgründe nahezu spielend. Man unterscheidet Standseilbahnen oder Luftseilbahnen.

Bei **Standseilbahnen** handelt es sich um Schienenbahnen, die, mit einem Drahtseil verbunden, keinen eigenen Antrieb besitzen. Dabei wurde das Drahtseil entweder von einer Dampfmaschine angetrieben oder zwei Züge, miteinander durch Drahtseile verbunden, zogen sich gegenseitig hoch. So auch 1877 in Lausanne: Der Vorort Ouchy am Genfersee wurde mit der 100 Meter höher gelegenen Stadt "verzahnt". Dieses System wurde in der Schweiz 1879 auch bei der Giessbach-Bahn angewandt, 1886 in Lugano. Diese Anlage für urbanen Verkehr Lugano Statione-Lugano ist heute die am stärksten frequentierte Bergbahn der Schweiz. Auch die Bürgenstockbahn wurde 1888 so angelegt, sie ist die erste elektrifizierte Standseilbahn der Schweiz. Die längste Standseilbahn führt zum Stanserhorn (1900 m) in der Zentralschweiz. Den spektakulärsten Lift besitzt der Bürgenstock am Vierwaldstättersee: Der Hammetschwandlift, 1905 erbaut, überwindet zügig in drei Minuten (oder weniger) 165 Meter Höhenunterschied. Er wurde 1990 umfassend erneuert.

Mit Aufkommen der **Luftseilbahnen** gingen die Standseilbahnen zurück. Es gibt in der Schweiz heutzutage noch rund 50 derartige

Anlagen, etwa bei der Suneggabahn in Zermatt oder bei der Metro Alpin in Saas Fee.

Die Bahnverbindung Stansstad-Engelberg brachte dem Klosterdorf spüren touristischen Zulauf. Und so machte man sich Gedanken, die höhere Bergwelt zu erschließen, vielleicht mit einer Zahnradbahn von Meiringen aus. Auch andere Visionen blieben Makulatur. Handfest war hingegen das Projekt Drahtseilbahn. 1913 wurde die Engelberg-Gerschnialp-Bahn eröffnet. 1927 kam die Luftseilbahn Gerschnialp-Trübsee hinzu. Der Titlis wurde zum Thema für Skitouristen und so begann die Geschichte der Titlisbahnen 1965 mit der Eröffnung der ersten Sektion (bis Mittelstation Stand) und 1967 mit der zweiten Sektion (Kleintitlis), 1992 wurde der Betrieb der "Rotair" mit selbstdrehenden Kabinen aufgenommen.

Man kann sich auch zum Säntis aufmachen und sich mit der Schwebebahn in 10 Minuten auf 2.500 Meter hieven lassen (für 37 Franken/24 Euro für Berg- und Talfahrt). Die kühne Pendelbahn von der Schwägalp bis unter den Säntisgipfel überwindet 1.113 Höhenmeter und wurde im Juli 1935 eröffnet, 1974 wurde die Luftseilbahn durch einen Neubau ersetzt.

Die dazumal längste Luftseilbahn hatte eine Länge von 3.500 Metern, das war 1935: Die Seilbahn von der Stöckalp führte auf Melchsee Frutt. Anlässlich der schweizerischen Landausstellung "Landi" 1939 wartete Zürich mit einer Attraktion auf: Eine Luftseilbahn schwang sich über den Zürichsee von der Enge rüber zum andern Ufer in Riesbach.

Skisport

Die ersten Skilifte entstanden zwischen 1906 und 1914 in Schollach im Schwarzwald. Doch die Schweiz schlief nicht. Am 24. Dezember 1934 startete die "Kleinseilbahn für Skifahrer" in Davos, der erste moderne Bügelskilift der Welt. Die Fakten: 270 Meter Länge und 60 Meter Höhendifferenz. Dann folgte St. Moritz mit dem Suvretta-Skilift (800 Meter Länge). Der erste Sessellift in Europa wurde 1944 in Engelberg betrieben (Einersitze): Der Jochpasslift wurde 1988 auf vier Sitze aufgerüstet. Die Benutzer waren begeistert. Er wurde zum Vorbild für Ganzjahreslifte.

Nach dem Zweiten Weltkrieg begann der große Seilbahnboom. Im Dezember 1945 nahm die erste kuppelbare Von-Roll-Sesselbahn der Welt ihren Betrieb auf. Die Sitze für zwei Personen waren überdacht und quer zur Fahrtrichtung angeordnet. 1946 kamen weitere Anlagen hinzu: die Sesselbahn Gstaad-Wasserngraten, die Bahn von Beatenberg auf das Niederhorn und die Firstbahn in Grindelwald. 1950 schlug die Stunde der Gondelbahn, in Crans sur Sierre im Wallis. Und so könnte man weiter durch alle Schweizer Ferienregionen gondeln und noch lange Bahnen und Pisten aufzählen. Doch wir belassen es dabei, nicht ohne zwei wichtige Stationen zu erwähnen. Grindelwald kann mit etlichen Bahnen aufwarten: mit der Wengernalpbahn, Männlichenbahn, Fistbahn oder Schilthornbahn. Grandiose Aussichten auf Viertausender garantiert auch Zermatt: Matterhorn und mehr. Wer in die Höhe reisen will... kein Problem in der Alpenregion Schweiz. Hier werden Sie bestens bedient – gegen harte Franken.

http://www.saentisbahn.ch
http://www.grindelwald.travel
http://www.bergbahnen.zermatt.ch

DAS INFERNO

Seit gut zehn Jahren hatten Millionen von Autos den Gotthardtunnel mehr oder weniger schadlos befahren, als am 24. Oktober 2001 morgens um 9.45 Uhr die Röhre wegen eines Unfalls geschlossen werden musste. Ein Inferno: Bei einer Frontalkollision zwischen zwei Lastwagen brach Feuer aus, etwa zwei Kilometer vor dem Südportal. Es breitete sich rasch aus und entwickelt giftige Rauschschwaden in Richtung Norden. Die Feuerwehr kann nicht zum Brandherd vorstoßen. Ein Teil der Tunneldecke, etwa auf einer Strecke von 100 Meter, stürzt ein. Retter dringen um ca. 15 Uhr durch den Sicherheitsstollen durch, können sich aber nur bis auf 150 Meter dem eigentlichen Unfallort nähern. Ein Schauplatz des Grauens: Fahrzeuge sind ineinander geschoben, manche zu Klumpen verschmolzen. Tote lagen auf der Fahrbahn. Insgesamt sind 13 Lastwagen, 4 Lieferwagen und 6 Personenautos in die Unfallkatastrophe verwickelt. Elf Menschen sind gestorben. Die Bergungsarbeiten dauern bis 9. November an, dann werden die beiden LKWs, welche die Brandkatastrophe verursacht haben, aus dem Tunnel geschleppt. Die eigentlichen Sanierungsarbeiten beginnen am 19. November 2001. Es werden 875 Tonnen der Zwischendecke herausmontiert und rund 600 Tonnen Asphalt abgetragen. Acht Kilometer Entlüftungskanäle wurden gereinigt.

Am 21. Dezember 2001 wird der Gotthardtunnel um 17.26 Uhr für den Autoverkehr wieder geöffnet, für den LKW-Verkehr um 5 Uhr am 22. Dezember.

17. KAPITEL

KULTUR – KINO UND KUNST

Die Schweiz – ein literarisches Land? Durchaus, wenn dies auch in der breiten deutschen Öffentlichkeit zu wenig wahrgenommen wird. Autoren wie Max Frisch, Friedrich Dürrenmatt, Adolf Muschg oder Thomas Hürlimann haben Bühnen und den Buchmarkt erobert und sich Gehör verschafft. Ganz zu schweigen von den alten Meistern Keller, Gotthelf oder Meyer. Die Bühnendramen Dürrenmatts sind nach wie vor gefragt. Und in der deutschen Theaterszene sind die Basler Theater und das Zürcher Schauspielhaus auch heute eine gute Adresse. Es war das Theater am Pfauen (Zürich), welches das freie Wort auch während der Nazizeit hoch hielt. Verfemte Schauspieler und Dichter fanden hier ein Forum, eine Bühne – von Thomas Mann bis Bert Brecht.

Von der Armbrust bis zum Sturmgewehr

Es war ein Deutscher, der viel zum Schweizer Nationalbewusstsein beigetragen hat. Es war der Mann von Marbach am Neckar, der 1804 das Schweizer Nationalmythos schuf, ohne es zu wissen. Der rebellische Friedrich Schiller. “Durch diese hohle Gasse muss er kommen”, “Die Axt im Haus erspart den Zimmermann” oder “Wir wollen sein ein einzig Volk von Brüdern” – sind geflügelte Worte aus Schillers Drama “Wilhelm Tell”. Der Urschweizer Held Tell, ein rauer Widerständler vom Vierwaldstättersee, wurde zum Anführer der aufbegehrenden Eidgenossen, mythologisiert und stilisiert. Was die Heroine Marianne für Frankreich bedeutet, ist Armbrustschütze

Tell für die Schweiz, ein Rebell und Freiheitsheld. Friedrich Schiller schenkte der Schweiz ein Idol, ohne je in der Schweiz gewesen zu sein. Und wenn Vater Tell den Apfel anpeilt, der auf dem Kopf seines Sohnes liegt, geht immer noch ein Raunen durch die Menge, etwa bei Tell-Festspielen in Altdorf oder in Interlaken. Das mit den Schützen hängt den Schweizern übrigens nach. Die eidgenössischen Wehrmänner sind wohl die einzigen weltweit, die nach getanem Wehrdienst ihr Gewehr mit Munition zu Hause aufbewahren (deponieren). Die Stimmen, die aufgrund blutiger Vorfälle in den USA und in der Schweiz lauter wurden, diesem Waffenhausgebrauch einen Riegel vorzuschieben und das Sturmgewehr in die Rüstkammer zu verbannen, wurden abgeschmettert. Das friedfertige Ansinnen ist von einer knappen Parlamentsmehrheit abgelehnt worden: Das häusliche Waffendepot bleibt bestehen. Hier kommt eine amerikanische Mentalität zum Ausdruck: Selbst ist der Mann beziehungsweise die Waffe. Das Gewehr bleibt also im Schrank, solange bis ein durchgeknallter Kerl wieder mal zum Schiessprügel greift, Feind, Freundin oder Familie abknallt. Es ist im Frühling auch vorgekommen, dass ein Tessiner Politiker aus Freude über den Wahlsieg zum Sturmgewehr griff und ins Blaue ballerte. Sitten wie im Wilden Westen...

Kino nach Schweizer Art

Der Schweizer Film träumt – von kleinen und großen Fluchten, Abenteuern und Eroberungen. Vor allem aber von Erfolgen. Doch das ist schwierig in einem Land mit drei Hauptsprachen und diesbezüglichen sprachlich-kulturellen Orientierungen. Die große Zeit der Filmer aus dem Welschland, Alain Tanner, Claude Goretta, Michel Soutter oder Jean-Luc Godard ist passé. Neue Impulse wurden in der Deutschschweiz gesetzt. Hier hat sich im letzten Jahrzehnt einiges getan. Die junge Filmer haben zurück zum Publikum gefunden und warteten mit einigen Publikumserfolgen auf. Die Teenager-Militärklamotte "Achtung, fertig, Charlie!" (2003) von Mike Eschmann wurde zum Hit. Der Dialektfilm erobert die Kinos zurück. Michael Steiners Bubenstreiche "Mein Name ist Eugen" (2005) und sein Spielfilm über das Ende der Swissair, "Grounding" (2006), waren Publikumserfolge. Produktionen wie "Vitus" mit Bruno Ganz, inszeniert vom Altmeister Fredi M. Murer ("Höhenfeuer") und nominiert für die Oscar-Nominationen 2007, oder "Die Herbstzeitlosen" schafften gar den Sprung über die Grenze und fanden den Weg in deutsche Kinos. Mit der zeitlosen Komödie um eine rüstige Seniorin, gespielt von der Volksschauspielerin Stephanie Glaser, sprach Regisseurin Bettina Oberli junge wie ältere Kinosemester an. "Die Herbstzeitlosen" (2006) hat das Zeug zum Evergreen. Das Schweizer Kino-Erfolgsjahr 2006 krönte quasi das Drama um Exilantinnen, "Das Fräulein" von Andrea Štaka. Der Film wurde am wichtigsten Filmfestival der Schweiz in Locarno 2006 mit dem Goldenen Leopard ausgezeichnet.

Nun kann man als "Frischling" in der Schweiz aber sein kleines blaues Wunder im Kino erleben. Synchronisation, also die Eindeutschung, ist in der Deutschschweiz nicht die Regel (wohl aber im Tessin und im Welschland). Überwiegend werden die Filme, egal ob aus Japan, China, Russland oder Afrika, in Originalversion mit Untertiteln gezeigt. Diese Art der Übersetzung ist gewöhnungsbedürftig. Doch dann will man darauf nicht mehr verzichten und ärgert sich, wenn die deutsche Stimme Bad Pritt, George Clooney, Jennifer Lopez, Halle Berry oder Helen Mirren ersetzt. Ganz abgesehen von schludrigen Übersetzungen. Da ist mir Mr. Bean alias Rowan Atkinson im Original (in seiner jüngsten, recht dürftigen Reiseklamotte) hundertmal lieber als ein deutschsprachiger Grunzer.

Diese Art Kinokultur (Originalversion) wird in der Schweiz hoch gehalten, wenngleich in Nachmittagsvorstellungen vermehrt auch synchronisierte Fassungen auftauchen. Bei Kinderfilmen wie "Meet the Robinson" (mit den Stimmen von Thomas Gottschalk oder Rick Kavanian) macht das Sinn, denn so schnell lesen wie dort gesprochen wird, kann kein Kinojüngling.

Was Kinospielstätten angeht, so sind viele "Lichtspieltheater" hoffnungslos eng und altmodisch. Ein Kinopalast aller erster Güte wurde jüngst im Zürcher Shoppingtempel Sihlcity installiert. Multiplex Filmcity ist nicht nur mit neun Kinosälen bestückt, sondern auch mit einem großzügiges Foyer, einer Bar, einem DVD-Shop und einem 5D-Kino ausgerüstet. Hier wird gerüttelt und geschüttelt, es duftet und stinkt bei den Kinofahrten über den Globus, durchs Meer oder Geisterhaus. Kino spürbar für die fünf Sinne!

BASIS DES SCHWEIZER FILMS: DAS LEBEN DOKUMENTIEREN

Der Schweizer Dokumentarfilm ist der Nährboden, auf dem der Schweizer Spielfilm gewachsen ist. Den Blick aufs Leben, auf Menschen haben die meisten Schweizer Filmemacher in diesem Metier gelernt. Fredi M. Murer ("Vitus") ist in diesem Zusammenhang ebenso zu nennen wie Xavier Koller ("Reise der Hoffnung"), Thomas Imbach ("Lenz") oder Bettina Oberli ("Die Herbstzeitlosen"). Überhaupt hat der Dokumentarfilm einen hohen Stellungswert und Beachtungsgrad. Es gibt kaum ein Land, in dem so viele Dokumentarfilme ins Kino gelangen, nicht nur von Schweizern, auch von Deutschen, beispielsweise 2003 bei der "Geschichte von weinenden Kamel", einer deutschen Produktion.

Sie dokumentieren das Gestern heute. Der Innerschweizer Erich Langjahr, mehrfach am Leipziger Filmfestival ausgezeichnet, ist mit viel Akribie, Verständnis und Liebeswürdigkeit Schweizer Bauern auf der Spur. Er hält fest, was sich überlebt, auslebt, verlebt oder auswandert: den Bauernstand – von Landschaftspflegern, Sennen und Hirten. Sein jüngstes Werk "Das Erbe der Bergler" (2006) erzählt von Wildheuer, das sind Mannsbilder, die im August an steilen Berghängen Gras mähen – rein aus Tradition und Liebe zur Natur, ohne Lohn und materiellen Gewinn. Ein Zeitdokument gegen die Zeit, gegen das Verschwinden. "Mich interessiert das Wissen des einfachen Lebens, die Grundlage der menschlichen Existenz", skizziert Langjahr sein filmisches Credo.

Nicht nur Schweizern auf der Spur ist Karl Saurer aus Einsiedeln. Vor einigen Jahren folgte der Filmer Schwyzer Auswanderern nach Amerika, nach "Steinauer Nebraska" (1997) und erzählte Geschichten um Gewinn und Verlust. Saurer ist in den letzten Jahren einem Dickhäuter nachgereist, der vor über 450 Jahren von Indien nach Österreich verfrachtet wurde, ein Geschenk des portugiesischen Königs an Kaiser Maximilian. "Rajas Reise" (2007) erweist sich nicht nur als einsichtiger Blick zurück, sondern auch als aktuelle Betrachtung über Entwurzelung und Fremdbestimmung heute. Bilder, die nachdenklich stimmen – über Grenzen hinaus.

Das sind nur zwei Beispiele herausragender Dokumentarfilmer. Es gibt eine breite vielschichtige Reihe von Filmemachern, die sich dem Dokumentarfilmfilmen verschrieben haben.

Richard Dindo, der Altmeister des poetischen Politfilms, setzt Buchstaben in Bilder um – von Kafka bis Che Guevara.

Aus jüngster Zeit wären beispielsweise Christian Freis "War Photographer" (Oscar-Nomination, 2001) zu nennen oder Stefan Haupts Porträts über Elisabeth Kübler-Ross (2003) oder den Griechen, der seine Eltern durch die Wehrmacht verlor, der zwischen Rache und Vergebung schwankte ("Ein Lied für Argyris", 2006). Friedrich Kappeler nähert sich poetisch-liebevoll dem Literaten Gerhard Meyer in zwei Filmen, Christoph Kühn spürt dem Schweizer Ethno-Idealisten Bruno Manser nach und Heidi Specogna aus Biel dem Flüchtling aus Guatemala, der als erster US-Soldat im Irak-Krieg stirbt: "Das kurze Leben des Jose Antonio Gutierrez". Bilder aus dem Leben gegriffen – gestern und heute. Und das ist die Stärke des Schweizer Filmschaffens: Sorgfalt, Akribie, Authentizität, Ehrlichkeit und Menschlichkeit.

Museen

Die Schweiz ist nicht nur reich an Banken, sondern auch an Museen. Zwischen 1.200 und 1.300 Museen listet eine Online-Seite auf, eine Gratisleistung der P.G.Meier Software AG.[25]

[25] http://www.tom-brain.ch

Was immer auch Herz oder der Verstand begehren, quasi jede Liebhaberei, Sammelleidenschaft, jedes kulturelle Interesse wird bedient – vom Amphitheater Vindonissa in Windisch, dem Einstein-Museum in Bern über den Gletschergarten in Luzern bis zur Sukkulentensammlung in Zürich oder dem Zwingli-Haus in Wildhaus. Historische Museen, erwähnt seien nur die von Altdorf, Basel, Genf oder Zürich (Landesmuseum), Kunstmuseen (Basel, Bern, Zürich, aber auch Chur, Solothurn oder St. Gallen) oder Naturmuseen wie die Alpengärten in Arosa, Riederalp oder Interlaken, Mineraliensammlungen in Seedorf UR, Einsiedeln oder Schönenwerd – sie alle haben ihre kleinen oder größeren Kostbarkeiten. Natürlich müsste man die international bekannten Museen hervorheben mit ihren grandiosen Ausstellungen wie das Kunsthaus in Zürich (Auguste Rodin), die Kunsthalle in Basel, die Sammlung Oskar Reinhart Am Römerholz (europäische Kunst von der Spätgotik bis zur Moderne, alte Meister wie Grünewald, Rubens, El Greco, Delacroix, Daumier, Manet, Monet, Cezanne, van Gogh u.a.) in Winterthur, die Fondation Pierre Gianadda (Picasso und der Zirkus; Chagall) in Martigny oder die Fondation Beyeler (Edvard Munch) in Riehen bei Basel.

Ein hervorragendes Beispiel moderner hoch stehender Gebäudeerweiterung bietet das Museum Rietberg in Zürich. Der Neubau, das sogenannte „Smaragd-Haus“, wurde zum Architektur-Juwel. Das Museum Rietberg beherbergt Exponate aus aller Welt: Skulpturen, Statuen, Malerei aus China oder Afrika, Masken aus Japan, aber auch von der Elfenbeinküste oder aus der Innerschweiz, Gottheiten aus Indien, Tibet, Vietnam oder Kambodscha, Figuren und Köpfe aus Mesoamerika oder dem alten Peru. Im Sommer locken die “Schätze der Liao, einer vergessenen chinesischen Nomadendynastie” (bis 15. Juli) und dann “Ankor – Göttliches Erbe Kambodschas (19. August bis 2. Dezember).

Einen Überblick über die Museenlandschaft Schweiz bietet der neue "Museumsführer", rund 100 Museen werden hier vorgestellt: http://www.vms-ams.ch

Ein Passepartout zu 400 Schweizer Museen bietet der Museumspass. Er gilt ein Jahr und kostet 111 Franken (Erwachsene), 99 Franken für Studenten, AHV-Bezieher oder 202 Franken für die Familie: http://www.museumspass.ch

18. KAPITEL

SCHWEIZERISCH-DEUTSCHE VERHÄLTNISSE: AB-STIMMUNGEN

Die Deutschen und die Schweizer sind einander zugetan, auf der einen Seite vielleicht mehr als auf der anderen. Die Schweizer, das kann man pauschal durchaus so sagen, waren Deutschland-Fans vor den Kriegen im 20. Jahrhundert. Historisch betrachtet, wäre gar eine schwäbisch-schweizerische Republik oder ein Königreich Helvetien denkbar gewesen. Doch die Räder der Geschichte drehten anders. Zum Glück für die Schweiz, findet Markus Kutter in seinem Büchlein "Die Schweizer und die Deutschen" (Fischer Taschenbuch, 1997). "Die wilhelminische Arroganz und die geistige Armseligkeit des Nationalsozialismus haben die Schweiz sogar aus einer gewissen Abhängigkeit – gnädig, ist man versucht zu sagen – entlassen."

Vor allem das Naziregime und die Folgen haben das schweizerisch-deutsche Verhältnis empfindlich und nachhaltig gestört. Und nun machen sich diese Deutschen in der Schweiz breit, das stört und ängstigt nach wie vor viele. Die Gastarbeiter aus dem benachbarten Norden sind freilich durch die Bank von der Schweiz angetan und begeistert.

Sesshaft geworden: Klaus J. Stöhlker

Er ist am 8. Juli 1941 in Ludwigshafen geboren, war u.a. Fernsehredakteur beim Südwestfunk Baden-Baden und lebt seit 1970 in der Schweiz. Er gründete die Klaus J. Stöhlker AG, eine Unternehmensberatung für Öffentlichkeitsarbeit. 2003 übergab Stöhlker die operative Geschäftsführung an seinen Sohn Fidel S. Stöhlker. Ab 1. September 2006 wurde die Geschäftsleitung durch seinen Sohn Raoul D. Stöhlker verstärkt. Senior Stöhlker selbst ist Delegierter des Verwaltungsrates.

Klaus J. Stöhlker, seit über 20 Jahren Schweizer, kennt sich mit der Schweiz aus. Er stellte sich unseren Fragen:

Was hat Sie bewogen, in die Schweiz zu ziehen?

Klaus J. Stöhlker: Gottfried Keller und seine Werke haben mich intellektuell, meine Schweizer Ehefrau emotional in die Schweiz gelockt. Konkret: Weil meine Walliser Ehefrau Heimweh hatte, wollten wir Deutschland für fünf Jahre verlassen; daraus sind mittlerweile 36 Jahre geworden. Es war eine gute Entscheidung.

Was schätzen Sie an der Schweiz und den Schweizern?

Die Menschen sind in ihrer Mehrheit noch bodenständiger als viele andere Europäer. Sie haben Volksrechte, die andernorts nicht gewährt werden und verteidigen diese im Ernstfall mit Klauen und Zähnen. Es gibt auch die globalisierte Schweiz der Reichen und Superreichen. Diese ist derzeit im Begriff, das Land neu zu formen. In diesem kleinen Land mischen sich jetzt die Weltkulturen, aber auf wirtschaftlich oberstem Niveau.

Haben Sie je zu spüren bekommen, dass Sie ein Fremder im Lande sind?

Dieses Fremdsein, obwohl ich seit 20 Jahren nur noch den Schweizer Pass habe, ist eine Tatsache. Es ist vor allem spürbar bei den national ausgerichteten Mittel- und Unterklassen; auch Oberklassen-Schweizer bleiben gerne unter sich, wenn es um die Privatsphäre geht. Im geschäftlichen Bereich nimmt die Zahl der qualifizierten Ausländer derart rasch zu, dass nationale Unterschiede kaum noch eine Rolle spielen. Hier ist das Englische wichtiger als das Schwyzerdütsche.

Was gefällt Ihnen am Leben in der Schweiz?

Die Naturnähe ist im ganzen Land sehr intensiv ausgeprägt. Man ist in den richtigen Wohngebieten immer in zehn Minuten in der Natur, in einer Stunde in großer alpiner Natur. Sicherheit und Wohlstand gehen in den wohlhabenden Zonen ineinander über. Das kulturelle Angebot der Schweiz wird in seiner Vielfalt unterschätzt, da es ungenügend dargestellt wird. Die Lage im Herzen Europas mit raschen Zugängen nach Mailand, Paris, Berlin und London macht die Lage noch attraktiver. Die Entlohnung ist für qualifizierte Führungskräfte ausgezeichnet.

Was gefällt Ihnen weniger?

Die sogenannte geistige Enge oder Langeweile, die das Land negativ auszeichnen soll, ist eine Legende. Sie wird als Nachteil nur von jenen empfunden, die intellektuell wie materiell zu wenig beweglich oder von Vorurteilen behaftet sind. Alleine schon die kulturelle Spannung zwischen der italienischen, französischen und deutschen Schweiz kann ein anspruchsvolles Leben ausfüllen.

Ihr Tipp?

Verstehen Sie die Schweizer Geschichte als Versuch, eine Staatsutopie, in meinen Augen die letzte in Europa, lebendig zu erhalten. Wandern Sie durch die Alpentäler, vor allem diejenigen des Wallis, das an Dramatik und Zugang den Hindukusch, den Himalaya und die Anden bei weitem überbietet. Sie werden eine Welt voller Reiz, Kultur und Lebenslust entdecken.

Ein Hanseat am Zürichsee: Klaus-Michael Kühne

Er wurde am 2. Juni 1937 in Hamburg geboren, trat 1963 als Teilhaber in die Speditionsfirma seines Vaters ein und gelangte im Jahr 1966 an die Firmenspitze. Im Jahr 1975 wurde die Kühne + Nagel International AG als Dachgesellschaft in der Schweiz geschaffen und Kühne wurde Delegierter des Verwaltungsrats. Zugleich nahm er Wohnsitz in der Schweiz. Kühne + Nagel gehört zu den global führenden Logistikdienstleistern mit den Schwerpunkten See- und Luftfracht, Landverkehr und Kontraktlogistik. Das Unternehmen beschäftigt 46.000 Mitarbeiter an 830 Standorten in über 100 Ländern. Klaus-Michael Kühne lebt in Schindellegi am Zürichsee.

Was hat Sie bewogen, in die Schweiz zu ziehen?

Mein Vater schätzte die Schweiz von Kindesbeinen an und hatte im bündnerischen Lenzerheide seit dem Jahr 1966 seinen Altersruhesitz. Deshalb sind wir auch privat sehr häufig in der Schweiz gewesen. Ich habe hier Ski fahren gelernt und viele Ferien verbracht. Dann hat er eine kleine Holding gegründet. Seit dem Jahr 1975 haben wir die internationale Entwicklung der Kühne + Nagel-Gruppe von der Schweiz aus erfolgreich vorangetrieben.

Sind Sie in der Schweiz heimisch geworden?

Ich fühle mich in der Schweiz sehr wohl und lebe hier sehr gern. Ich bin so viel unterwegs, dass ich hier nicht unbedingt meine feste Heimat sehe und fühle mich in der ganzen Welt zuhause. Die Schweiz ist für mich nicht der Hort oder das Nest, in das ich mich eingrabe, sondern eine Plattform, von der man immer wieder in die weite Welt aufbricht.

Haben Sie je zu spüren bekommen, dass Sie ein Fremder im Lande sind?

Vor dreißig, vierzig Jahren war die Distanz der Schweizer zu den Ausländern recht groß: Wir waren zwar gelitten, konnten uns aber kaum integrieren. Heute sind die Schweizer stolz auf Kühne + Nagel als erfolgreiches Unternehmen und betrachten uns als der Schweiz zugehörig.

Was schätzen Sie an der Schweiz und seinen Bewohnern?

Alles ist hier sehr gepflegt, wirkt grundsolide und die Schweizer gelten als zuverlässig und beruflich stark engagiert. Der Lebensstandard ist sehr hoch, alles im Lande ist bestens organisiert. Dazu kommen die schönen Landschaften und die grandiose Natur. Ich habe viel Sympathie für die Schweiz und ihre Bevölkerung. Im Übrigen fühle ich mich in der ganzen Welt zu Hause.

Angekommen und heimisch geworden

Sie ist Jahrgang 1978 und reiste aus dem süddeutschen Raum am 10. Oktober 2005 in die Schweiz ein. Offiziell und zielstrebig. **Tanja Hyzyk** – der Name täuscht, sie ist eine deutsche Blondine mit Pepp und Dynamik. Sie hat sich als Verlags- und Redaktionsassistentin einspannen lassen. Gute berufliche Perspektiven und ihr Lebenspartner haben sie bewogen, in Zürich zu arbeiten. *"Mir sagt der Multi-Kulti-Mix zu, ich schätze die Landschaften und vor allem Zürich"*, unterstreicht sie ihren Entscheid (ihre Entscheidung). *"Mir gefallen der hohe Lebensstandard, die Lohnnebenkosten, eben Steuerabzüge und die vielen schönen Schweizer Seen."* Gewisse unfreundliche Eidgenossen behagen ihr weniger.

Ihr Tipp: "Freundlich bleiben. Nie versuchen, schwyzerdütsch zu sprechen. Man sollte sich gängigen Begriffe merken wie Grüezi, Ade usw."

Sie heißt **Indrani Das**, 1970 in München geboren und dort auch aufgewachsen. Ihr Vater ist Inder, ihre Mutter Deutsche. Oktober 2004 ist sie in die Schweiz gezogen. *"Mein damaliger Freund, der jetzt mein Mann, Vater meines Sohnes und Schweizer ist, hat mich bewogen, in die Schweiz zu kommen"*, blickt Indrani Das, Journalistin und Lehrerin an der Berufsschule in Rüti, ZH, zurück. Sie schätzt die Sicherheit und Teilzeitarbeit in der Schweiz. Diplomatie und Flexibilität im Bildungswesen. Und sie hat gespürt, dass sie als Fremde abgelehnt wurde. Sie erhielt Absagen von Redaktionen mit der Begründung: *"Sie müssen nicht glauben, besser als wir schreiben zu können."* Direktheit wurde ihr auch vorgeworfen. Sie schätzt die Ruhe und Sicherheit im Land, die Schönheit der Natur. Und was gefällt weniger? Indrani Das: "Die Mentalität und Humorlosigkeit der Deutschschweizer, vor allem der Zürcher. Der Mix aus Minderwertigkeitskomplex, Größenwahnsinn, Fremdenangst und Konfliktunfähigkeit sind nervig."

Ihr Tipp: "Ein dickes Fell und viel Heimaturlaub."

Sie stammt vom Niederrhein, geboren aber im Mai 1944 in Sachsen. Ihre erste Schweizer Phase (Waadtland) dauerte von 1964 bis 1966. **Gisela Quaasdorf** siedelte 1968 im Kanton Zürich an, heiratete Robert Hediger, wurde Schweizerin und lebt seit 1997 in Lausanne. Liebe hätte die ehemaliger Personalassistentin und Sprachlehrerin in die Schweiz gezogen. Gisela Hediger-Quaasdorf schätzt an der Schweiz die Vielfalt der Landschaft, die Drei- oder besser Viersprachigkeit, Ordnung und Organisation des täglichen Lebens. Wie war dazumal die Aufnahme in der Schweiz? *"Anfangs habe ich zu spüren bekommen, dass ich eine Fremde, eine Deutsche bin, besonders als junge Hausfrau in der Deutschschweiz – wegen Unkenntnis diverser Sprachvarianten. Jetzt im Waadtland genieße ich die Vielfalt der Kontakte, menschlich und kulturell. Weniger gefällt mir die Europafeindlichkeit und Besserwisserei."*

Ihr Tipp: "Die Herkunft nicht verleugnen, aber auch nicht ständig betonen. Und auf die Menschen zugehen."

Stuttgart ist nicht weit, und doch...Eva-Maria kam 1982 in die Schweiz. Ein Mann war's, der sie nach Süden und dann in die Ehe zog. Die diplomierte Pflegefachfrau, profan auch Krankenschwester genannt, hat Wurzeln gefasst. **Eva-Maria Heitz** weiß die Freundlichkeit, Anständigkeit, das angenehme Wesen und den recht menschlichen Umgang der Schweizer und Schweizerinnen zu schätzen. Als Schwäbin ist sie den Schweizern offenbar nicht unangenehm aufgefallen. Sie ist des Lobes voll: *"Mir gefällt die hohe soziale Sicherheit, der gute Arbeitsmarkt, das gute Lohn-niveau, die bessere Ausbildung in meinem Fachbereich als im Ausland. Der Pflegestandard ist höher als in Deutschland. Ansonsten zeichnet sich die Schweiz durch hohen Freizeitwert aus, auch dank seiner Berge, Seen, Landschaften."* Und sonst? *"Manchmal kommen mir die Schweizer etwas bünzlig (kleinbürgerlich), schwerfällig vor. Alles läuft etwas langsamer ab, was aber durchaus auch seinen Vorteil haben kann."*

ZÜRI-SLÄNG

Ausdrücke des Erstaunens zwischen Fluchen und Volksmund:

Da gahsch am Stock!

Da haut's mir schier de Nuggi use!

Da haut's de Stöckli us de Söckli!

Das verrecksch im Schatten, so heiß isch es!

Das gitt mir öppis
Das hat mir noch gefehlt!

Das haut mi um!

Das haut sogar's Hörnli von d Eiche!
Das haut sogar das Eichhörnchen von der Eiche!

Huere-Sack nomal!

Läck mer am Gnagi
Leck mich doch!

Ich verreck!
Ich werde wahnsinnig!

Jetzt isch aber de Zapfe-n-ab!
Jetzt reicht's!

Potz Millione!

Ui nei! Verreckte Chaib!
Das darf doch nicht wahr sein!

19. KAPITEL

URCHIGES UND ORIGINELLES: ZWISCHEN BEIZEN UND BERGEN

Wenn es den Schweizer, natürlich auch die Schweizerin, nicht gäbe, müsste man ihn/sie erfinden. Jeder Volksstamm – egal ob auf dem amerikanischen, asiatischen oder europäischen Kontinent – hat seine Ecken und Kanten, Macken und Meriten. Und der Schweizer vielleicht ein bisschen mehr als manche andere. Es gibt ja auch genug Winkel und Täler, wo manche Marotten ausgelebt und gepflegt werden können. Um Ihnen Schweizer Art, Sitten und Gebräuche etwas näher zu bringen, ist dieser Ratgeber auch gedacht. Von der Sprache war bereits mehrfach die Rede. Überhaupt ein wunderbares Thema, um den Schweizern näher zu kommen...

Wenn man beispielsweise von einem Sack (Sagg) spricht, ist nicht der Kartoffel-, Mehl- oder Abfallsack gemeint, auch nicht ein "besoffener Sack", sondern schlicht und einfach eine Einkaufstasche (meistens eine Plastiktüte). Unter Güsel versteht man Abfall, Chabis ist Kohl, Schoggi eben Schokolade und Bäredräck Lakritz. Und wer "Läck mir" sagt, versteht das nicht als Aufforderung zum Abschlecken, sondern als Ausruf des Erstaunens!

Friseur (Frisör) heißt hierzulande übrigens Coiffeur, ein Gehsteig ist ein Trottoir, ein Bahnsteig ein Perron, ein Kalb ein Chalb und ein Hausmeister eben ein Hauswart. Mit Voressen ist ein Ragout gemeint, mit Gschlaik eine Affäre (mit oder ohne Sex, je nach dem), mit Müntschi ein (Berner) Küsschen, mit Schnauz ein Schnurrbart, mit Stumpe eine Zigarre und mit Zigi eine Zigarette.

Bitte zur Beiz

Dass eine Kneipe als Beiz, Chnelle oder Schpunte bezeichnet wird, hat sich vielleicht herumgesprochen. Auch dass man eine Strange oder einen Becher (Bier) bestellt. Ein “Herrgöttli” ist etwas Spezielles, nämlich ein kleines gezapftes Bier (2 Dezi). Übrigens, Dezi sind Deziliter. Es Cüpli ist ein Glas Sekt, Prosecco oder Champagner. En halbe Rote entpuppt sich als halber Liter Rotwein. Eine Schale meint einen Kaffee mit Milch, es gibt aber auch die Schale hell (mit viel warmer Milch) oder die Schale dunkel (mit wenig warmer Milch). Hinter Café crème verbirgt sich ein Kaffee mit Kaffeerahm (Kaffeesahne) und hinter Café natur („natür“ gesprochen) ein schwarzer Kaffee. Die alkoholisierten Koffeingetränke hatten wir bereits erwähnt: Kafi Schnaps, Luz oder Fertig (Kaffees mit Kirsch, Pflümi oder Marc gedopt). Diese Mischungen werden im Glas serviert.

Santé, Gsundheit oder Proscht heißt Prost. An manchen Tischen in einer Dorfbeiz oder Chnelle wird gejasst. Jassen ist ein Schweizer Kartenspiel mit einigen Varianten, fast ein Nationalsport. Es gibt seit Jahren eine Fernsehsendung immer samstags zu diesem Wettstreit. Da wird dann geschoben und gestochen. “Tschau Sepp” ist keine Verabschiedung, sondern eine Jass-Variante.

Und wenn Sie beim Bezahlen gefragt werden “Händ Sie Münz”, geht es nur um Kleingeld. “Isch es rächt gsi” ist eine beliebte Redewendung und meint “War alles in Ordnung?”

Und wenn Sie keine Lämpe (Streit) haben wollen, antworten Sie am besten mit “Es isch guet gsi”. Natürlich kann man auch reklamieren und seine Meinung sagen. Immer häufiger auch auf Hochdeutsch, denn das Servicepersonal ist oft deutscher Muttersprache. Das

Trinkgeld ist quasi immer inbegriffen, doch steht es jedem frei, eine gute Bedienung zu honorieren.

Die Schweiz ist mit Kneipen und Bistros und Cafés reich gesegnet. Wie überall haben sich aber auch amerikanische Ketten wie Starbucks breit gemacht. Doch es gibt sie noch, die Gartenbeiz um die Ecke, die Wirtschaft mit Wirtsleuten in Stadt und Land, wo wintertags (etwa ab November) Metzgete veranstaltet werden. Frisch geschlachtet auf den Tisch: Dann werden deftige Schlachtplatten serviert mit Speck und Würsten und Schinken. Es muss ja nicht immer Fondue oder Raclette sein, die beliebten Schmelzkäse-Orgien, die damals selbst Asterix beeindruckt haben sollen. Die Schweizer Küche hat viel Ideen und Kalorien von ihren Nachbarländern aufgenommen, ist vielseitig, hoch stehend, international.

Annähernd 30.000 Beizen, Pizzerias, Tavernen oder Restaurants soll es in der Schweiz geben. Da werden Sie sicher ein Plätzchen finden, das Ihren Bedürfnissen und Ihrem Gaumen zusagt. Darf's vielleicht etwas Grünes, etwas rein Vegetarisches sein, dann werden sie von Tibits (Zürich, Winterthur, Bern) oder Hiltl (Zürich) gut bedient. Oder soll's eher Fisch und Seenähe sein? Dann sind Restaurants in Gottlieben (Krone) am Bodensee oder in Büsingen bei Schaffhausen (Alte Rheinmühle am Rhein), in Zürich (Casino Lakeside u.a.), in Küsnacht am Zürichsee (Sonne) und viele andere mehr zu empfehlen. Jeder nach seiner Façon und seinem Geldbeutel... Wer suchet, der findet, selbst eine ausgezeichnete Currywurst mit hausgemachter Sauce im Niederdorf (Zürich).

http://www.restaurant-news.ch
http://www.gastronomiqueguide.ch
http://www.foodguide.ch

Kampfspiel ohne Körperkontakt

Nach unserm klitzekleinen Einblick in die genussreiche kulinarische Schweizer Promille- und Kalorienszene, der natürlich nur den Appetit anregen kann und will, wenden wir uns anderen Schweizer Eigenarten zu. Zum Beispiel einer ungewöhnlichen einzigartigen Sportart: dem Hornussen.

Bei dieser sportlichen Betätigung gibt's keine Alters- und Gewichtsbeschränkung, nur Einsatz und Engagement. Ausdauer und Kraft sind gefragt. Die gemeinsame Stärke, so heißt es in einer Beschreibung des Verbandes, kann über die Einzelleistung siegen. Diese Sportart wird auf freiem Feld ausgetragen. Ein Mannschaftsspiel ohne Körperkontakt und Aggressionen mit einfachen Regeln. 16 bis 18 Mann bilden ein Team, so genannte Gesellschaften. Es gilt, den Hornuss, einen 78 Gramm schweren "Puck", mit dem elastischen Schwungstecken vom Abschlagbock möglichst tief ins gegnerischen Feld (Ries) zu schlagen, das 100 Meter nach dem Bock beginnt. Die sogenannten „Abtuer", übers Feld verteilt, versuchen nun den Hornuss mit Schindeln (Tafeln) abzufangen. So entstehen die faszinierende Bilder von Schindeln, die wie vom Katapult geschleudert in die Luft steigen. Die Frage ist: Wann wird der Hornuss gestoppt und wo geht er runter, wo landet er? Die Distanzen zählen. Das Schlagspiel ist über 400 Jahre alt. Es wurde in Emmentaler Quellen um 1600 erwähnt. Aktuell sind noch rund 270 Gesellschaften in der Schweiz registriert und aktiv.

Scharf geschossen

Die Tellensöhne haben's im Blut, das Schiessen – sei es in freier Jagd oder im Verein. Eine Tradition mit Folgen. Haben Wehrmänner doch ihr Sturmgewehr zumeist daheim, nicht selten mit Munition. Wohl nirgends in der Welt gibt es mehr organisierte Schützen als in der Schweiz. Sind sie denn wehrfähig, müssen sie alljährlich das "Oligatorische", ein Pflichtübung, zwischen April und August absolvieren und sind so automatisch an ihrem Schiessstand, ihrem Schützenhaus im Schützenverein registriert. Die Schiesspflicht beginnt ein Jahr nach der Rekrutenschule und endet erst mit der Entlassung aus dem Wehrdienst.

In der Interessengemeinschaft Schiessen Schweiz (IGS) sind sie alle versammelt, die Armbrust- wie die Bogenschützen, die Sportschützen, die Büchsenmacher und Waffenhändler. Die IGS vereinigt etwa 350.000 Schützen, auch Schützinnen. Nun sollte man meinen, dass haufenweise Schützenfeste in der Schweiz organisiert werden. Nichts da, denn diese pulvrige Sache ist den Schweizern wohl zu ernst. Es gibt keine Schützenkönige nach deutscher Art mit Umzügen und Bällen. Doch halt, Schützenkönige gibt's auch, aber nur alle Jubeljahre, wenn das Eidgenössische Schützenfest durchgeführt wird. Dann werden Schützenkönigstitel verliehen über 25 Meter oder 50 Meter, mit Pistole oder Gewehr und anderes mehr. Es gibt kantonale Schützenfeste und das größte Schützenfest der Welt, das Eidgenössische Feldschiessen.

Bei Olympischen Spielen oder Weltmeisterschaften stehen Schweizer eher selten auf dem Siegespodest. Merkwürdigerweise laufen die Schweizer beim Biathlon, dieser Kombination aus Skilanglauf und Schiessen, die ihnen doch liegen müsste, hinterher.

Nun, dafür gibt's Anfang September ein einzigartiges Fest (seit 400 Jahren) in Zürich, das Knabenschiessen. Nein, das hat nichts mit Tell und seinem Apfelschuss auf den Knaben (seinem Söhnlein) zu tun. Die Knaben schießen auf Scheiben, seit ein paar Jahren auch Maitli, und küren ihren König/Königin. Ein Volksfest am Zürcher Albisgüetli mit Chilbi (Kirmes), Karussells, Wurst- und natürlich Schiessbuden.

Feste feiern

Sechseläuten ist das Fest der Zünfte in Zürich. Am Sonntag ziehen rund 2.000 Kinder, historisch adrett kostümiert, über Zürichs Prachtmeile. Jedes Kind, unabhängig von der Zunftzugehörigkeit, zwischen 5 und 15 Jahren darf mitmachen. Am Montag, in der Regel der dritte im April, promenieren und stolzieren gesetzte Herrschaften vom Bundesrat bis zum Bankdirektor, vom Makler bis zum Handwerkermeister in historischen Kostümen über die Bahnhofstrasse. Herausgeputzte Gattinnen und Partnerinnen werfen ihnen dann Blumen vom Straßenrand zu. Welch eine weibliche Huldigung! Meistens versammeln sich hier über 3.000 Teilnehmer aus 26 Zünften plus Gästen. Annähernd 400 Reitpferde setzen sich in Bewegung. Punkt 18 Uhr, wenn der letzte Glockenschlag von St. Peter verhallt, wird der Scheiterhaufen mit Bögg auf der Spitze, Sinnbild für den Winter, angezündet. Reiterscharen umkreisen den Holzstoss auf dem Sechseläutenplatz beim Opernhaus. Wenn der Bögg, eine Strohpuppe mit Knalleffekt, dann explodiert und verbrennt, ist der Winter gebannt, hofft man. Je schneller der Kopf explodiert, desto schöner soll der Sommer werden, sagt man. Aber verlassen kann man sich nicht auf den Knallkopf...

Wenn dann der **Cirkus Knie** auf ebendiesem Zürcher Platz im Mai gastiert, die Temperaturen gestiegen sind, wenn Veloscharen

(Fahrradfahrer) und Nordic Walker den Asphalt bevölkern, wird die Schweiz zur Festhütte. Im Feiern sind die Schweizer Weltmeister. Dann werden Strassen-, Quartier-, Dorf- und Weinfeste organisiert. Es wird grilliert (gegrillt) auf dem Balkon, im Garten oder in freier Natur (wenn nicht Waldbrandgefahr herrscht und Feuerstellen-Verbot angesagt ist).

Später im August strömen Abertausende Rapper, Disco-Freaks, schrille Figuren, Tanzbesessene oder bemalte Boys und Girls aus Europa an die Limmat zur **Streetparade**. Das ist die größte Party Europas, wenn nicht gerade eine Fanmeile zur Fußball-WM bevölkert wird wie 2006 in Berlin. Aber das, hoffen die Organisatoren, sollte sich ähnlich auch bei der Fußball-EM 2008 in der Schweiz zutragen, dem Austragungsland neben Österreich. Dann heißt es eben: Fußballern und festen!

Kuhkämpfe und Molke

Urchiges Brauchtum, Unterhaltung und Konsum gehen oft Hand in Hand. Auch im Dienste des Tourismus. Bei Alpaufzügen etwa im Appenzellerland. Wenn die Treichler losziehen, das sind die Mannsbilder mit den Kuhglocken um den Bauch, tönt's gewaltig. Immer häufiger treten diese auch in Eishockeystadien oder in Fußballarenen auf. Doch so richtig kracht's, wenn Kühe aufeinander stoßen. Dieser Wettkampf gehört zum Wallis wie der Johannisberg oder Fendant, die beliebten Weißweine. Es müssen **Eringerkühe** sein, die hier ihre Kraftproben ab April austragen. Die robusten Tiere liefern sich hitzige Gefechte mit ihren Hörnern, um die Königin zu ermitteln. Es geht nicht um Tod und Ehre wie bei Stierkämpfen, Die schwächere Kuh verlässt "einsichtig" das Kampffeld. Die natürliche Kampflust dieser Tiere haben sich Menschen zunutze gemacht und solche Kämpf seit 1922 organisiert. Im Wallis gibt es rund ein Dutzend dieser Veranstaltungen. Für das große Finale in Aproz bei Sion/Sitten treten die besten sechs Tiere der betreffenden Kategorie an. Die Zuschauer kommen in Massen, rund 10.000 allein zum Finale. Kuhkämpfe gibt es auch im Aostatal (Italien) oder in Thailand (Koh Samui).

Und wenn wir schon bei Kühen sind, soll auch die **Molke**, ein Milchserum, erwähnt werden. Molke bleibt zurück, wenn der Milch bei der Käseherstellung Kaseine und Lipide entzogen werden. Entschlackung ist angesagt. Hauptbestandteil von Molke ist Lakose, und die fördert eine gesunde Darmflora, stimuliert die Verdauung und besitzt harntreibende Eigenschaften. Molke trinkt man, in Molke badet man. Es gibt Molkekuren in Appenzell (Hotel Hof Weissbad), Flums/St. Gallen (Tannenboden) oder Engelberg (auf der Gerschnialp) und anderswo.

Schwingen

Sie fassen sich an den Hosenbund. Sie zupfen, rupfen, raufen im Sägemehl. Der Gegner muss gebodigt, muss wie bei den Ringern auf die Schultern gedrückt werden. Eine schöne Geste danach: Der besiegte Kontrahent wird abgeklopft, symbolisch vom Sägemehl gesäubert. Rituale der Mannsbilder.

Im Frühling beginnt die Saison der Schwinger, dieser Kraftkerle, die sich an die Wäsche gehen. Ein Kräftemessen in der offenen Arena und Ringkampf mit eindeutigen Regeln. Schwingen ist ein schweizerisches Eigengewächs. Der Einzelne steht seinen Mann im Kampf Mann gegen Mann – mit Mut, Körperkraft, Geschicklichkeit und Ausdauer. Die Ursprünge führen zu den Hirten und Sennen ins Berner Oberland (Brienz, Haslital), ins Emmental, Entlebuch, nach Obwalden, Schwyz oder Appenzell. Andere Kanntone wie Zug, die Nordwestschweizer und Innerschweizer haben aufgeholt. Die berühmten Schwingfeste finden auf dem Brünig, Stoos oder am Schwarzsee statt.

Doch das Ziel aller Schwinger ist das Eidgenössische. Der Schwingerkönig wird beim Eidgenössischen Schwing- und Älplerfest errungen, 2007 in Aarau (24. bis 26. August). Beim letzten Eidgenössischen, 2004 in Luzern, verfolgten 180.000 Besucher die Wettkämpfe. Nähere Informationen unter http://de.aarau2007.ch

Masken und Monster

Sie sehen furchterregend und dämonisch aus. Masken, Grinde – sie werden in Wintermonaten, zur Fastnachtszeit lebendig und mischen sich mit ihren grässlichen Fratzen unters Fasnachtsvolk. Sie tauchen bei den Silvesterchläusen in Urnäsch (Appenzell) auf. Im Lötschental (Wallis) haben die dämonischen Masken bei der Tschäggättä (bis Aschermittwoch) ihre Auftritte. Es ist ein ungeschriebenes Gesetz, dass nur ledige Männer, gewandet in Tunikas aus Schaf- oder Ziegenfellen, in diesen Masken herumtollen und Passanten, vor allem junge Frauen, mit Russ beschmieren dürfen. Anarchisch, rebellisch, chaotisch – dieses Maskentreiben ist Ausdruck dafür. Es hat seine Ursprünge in den Zeiten, als das Wallis von der Außenwelt abgeschnitten war.

Die Wöschwiiber, Fratzen und kunstvollen Masken der Guuggen gehören zum Inventar der Innerschweizer Fasnacht von Luzern bis Zug. Luzern ist die Hochburg der Straßenfasnacht vom Schmutzige Donnschtig bis zum Monsterkonzert (Dienstag) und Aschermittwoch. Dann bebt die Stadt am Vierwaldstättersee vom Dröhnen der Guuggenmusigen und kakophonischen Gruppen.

20. KAPITEL

FAKTEN, FIGUREN, PREISE – AUF DIE FINGER GESCHAUT

Er heißt nicht nur so, er ist es auch: ein Preisüberwacher. Im schönsten Beamtendeutsch wird die Aufgabe folgendermaßen beschrieben:

> *"Der Preisüberwacher ist für eine amtliche Überprüfung eines allfälligen Preismissbrauchs zuständig, wenn der Wettbewerb bei der Preisbildung nicht zum Spielen kommt. Das ist der Fall bei Preisen von marktmächtigen Unternehmen oder Monopolen wie Elektrizitäts-, Wasser-, Abwasser-, oder Schienennetzen. Wir sind auch zuständig bei den sogenannten administrierten Preisen wie Gebühren, Medikamentenpreisen oder Tarifen für öffentliche Unternehmungen."*

Wir, das sind Preisüberwacher Rudolf Strahm, diplomierter Chemiker aus dem Emmental, Ex-Nationalrat (SP), und sein Team. Strahm wurde vom Bundesrat gewählt und trat am 1. August 2004 sein Amt als "Monsieur Prix" an. Jeder Bürger jede Bürgerin, jedes Unternehmen kann sich an den Preisüberwacher wenden, um allfällige Unstimmigkeiten, Übertretungen oder Unzulässigkeiten anzuprangern. Antwort garantiert. Und oft wird der Preisüberwacher auch aktiv, klärt auf, stellt richtig, kritisiert und sucht nach Lösungen.

Nähere Informationen unter http://www.preisueberwacher.admin.ch

Kasse machen – Kasse stürzen

Seit Jahrzehnten sorgt eine Fernsehsendung dafür, dass manchem Produzenten, Anbieter, Verkäufer oder Abzocker nicht wohl in seiner Haut ist. Das Konsumentenmagazin "Kassensturz" vom Schweizer Fernsehen SF1 wartet jeweils dienstags (21.05 Uhr) mit Tests, Analysen, Vergleichen, Enthüllungen und unsanften Interviews auf. Da sind weder Windeln noch Olivenöle, Shampoos, Pillen, Pralines oder Gemüse, Garten- oder Konsumartikel vor Tests sicher. Aber es kann auch um den "schärfsten" Fernsehapparat, das giftigste Haarfärbemittel, um Baumärkte, Preisdiktate oder Flugmeilen gehen. Wo gehobelt wird, fallen auch Späne. Es kann vorkommen, dass die Konsumentenaufklärer auch mal offiziell gerügt werden, weil sie übers Ziel geschossen sind. So geschehen im Fall eines Schönheitschirurgen, der sich über die verdeckte Recherche und die Sendung am 7. Februar 2007 beschwert hat. Die Methode (versteckte Kamera) sei zwar legitim gewesen, befand der Ombudsmann Achille Casanova, doch seien einige Behauptungen nicht genügend recherchiert worden. Gleichwohl die Aufklärung funktionierte und war von öffentlichem Interesse. Leitwolf und Moderator des "Kassensturz" ist der Berner Medienmann Ueli Schmezer, der übrigens – und das ist etwas für Insider – Kinderlieder intoniert und damit auf Tournee geht, den verstorbenen Berner Troubadour Mani Matter interpretiert und live auf der Bühne weiter leben lässt.

Und wer's Schwarz auf Weiß haben will, wird mit dem Printprodukt "Saldo"[26] bedient. Da wird beispielsweise dem US-Spargel, der zu allen möglichen und unmöglichen Zeiten auf dem Markt angeboten wird, genauer auf die grünen und weißen Stengel geschaut. Und siehe da: Solcher weit gereiste Spargel verbraucht massig Energie,

---

[26] http://www.saldo.ch

ein Kilo nämlich bis zu fünf Liter Erdöl. Bei europäischem Spargel sei die Umweltbelastung achtmal geringer, bei einheimischem, also schweizerischem Spargel gar zehnmal, hat Niels Jungbluth von der ETH Zürich herausgefunden. Der Transport schlägt massiv zu Buche. Solche und andere Untersuchungen beispielsweise über Arbeitszeugnisse und was zwischen den Zeilen steht, publiziert "Saldo".

Miet- und Eigentumspreise

Die gute konjunkturelle Entwicklung in der Schweiz sorgt auf dem Immobilienmarkt für rege Nachfrage. Das führte zu verstärkter Bautätigkeit und mildert praktisch den Preisanstieg bei Mieten. Das "zusätzliche Angebot an Mietwohnungen hat inzwischen in fast allen Regionen zu einer ausreichenden Versorgung des Marktes geführt", bemerkt das jüngste "Immo-Monitoring 2007 (Teil 3 und 4)" vom Marktspezialisten Wüest & Partner, Zürich. Der Preisanstieg hat sich verlangsamt. Für das Jahr 2007 prognostiziert man ein moderates Wachstum der Mietwohnungspreise, die gleichwohl um rund 2,1 Prozent steigen werden.

Die regionalen Unterschiede im Mietpreisniveau sind extrem (Stand Mai 2007). Interessant in der Zürcher Agglomeration ist das boomende Knonaueramt – von Bassersdorf über Affoltern am Albis bis Knonau – das mit der S-Bahn 9 (Halbstundentakt) und der im Bau begriffenen Autobahn N4 sehr gut an die Metropole Zürich angeschlossen und mit der S9 in 15 bis 25 Minuten zu erreichen ist.

Eine punktuelle Übersicht[27]

Mietpreise pro Monat nach Regionen

3-Zimmerwohnungen

ZÜRICH (Stadt):	1.179 bis 2.190 Franken
ZUG:	1.150 bis 1.970 Franken
LUZERN:	900 bis 1.580 Franken
NIDWALDEN/ENGELBERG:	970 bis 1.660 Franken
BASEL-STADT:	970 bis 1.490 Franken
KNONAUERAMT:	970 bis 1.550 Franken
WINTERTHUR:	930 bis 1.550 Franken

5-Zimmerwohnungen

ZÜRICH (Stadt):	1.900 bis 3.540 Franken
ZUG:	1.820 bis 3.120 Franken
BASEL-STADT:	1.560 bis 2.390 Franken
LUZERN:	1.420 bis 2.500 Franken
NIDWALDEN/ENGELBERG:	1.350 bis 2.620 Franken
KNONAUERAMT:	1.070 bis 1.900 Franken
WINTERTHUR:	930 bis 1.550 Franken

27 Quelle: Immo-Monitoring 2007, Frühlingsausgabe, Bände 3 und 4, Wüest & Partner, Zürich, beide Bände 390 Franken. Zu beziehen via Fax 0041 (Schweiz) (0)44 289 90 01. http://www.wuestundpartner.com

Mietwohnungspreise nach Städten

3-Zimmerwohnungen

ZÜRICH:	1.170 bis 2.190 Franken
ZUG:	1.220 bis 2.120 Franken
LUZERN:	1.020 bis 1.780 Franken
BASEL:	970 bis 1.480 Franken
WINTERTHUR:	930 bis 1.560 Franken
FRAUENFELD:	820 bis 1.360 Franken
ST.GALLEN:	800 bis 1.380 Franken

5-Zimmerwohnungen

ZÜRICH:	1.900 bis 3.540 Franken
ZUG:	1.930 bis 3.350 Franken
LUZERN:	1.610 bis 2.820 Franken
BASEL:	1.560 bis 2.370 Franken
WINTERTHUR:	1.490 bis 2.500 Franken
FRAUENFELD:	1.290 bis 2.150 Franken
ST.GALLEN:	1.270 bis 2.170 Franken

Eigentumswohnungen (5 Zimmer)

ZÜRICH (Stadt):	652.000 bis 1.510.000 Franken
ZUG:	621.000 bis 1.156.000 Franken
BASEL-STADT:	515.000 bis 1.021.000 Franken
LUZERN:	459.000 bis 956.000 Franken
NIDWALDEN/ENGELBERG:	518.000 bis 997.000 Franken
KNONAUERAMT:	511.000 bis 856.000 Franken
WINTERTHUR:	447.000 bis 788.000 Franken

<u>Einfamilienhäuser (5 Zimmer)</u>

ZÜRICH (Stadt):	588.000 bis 1.649.000 Franken
ZUG:	588.000 bis 1.442.000 Franken
BASEL-STADT:	532.000 bis 1.072.000 Franken
LUZERN:	505.000 bis 1.126.000 Franken
NIDWALDEN/ENGELBERG:	502.000 bis 1.283.000 Franken
KNONAUERAMT:	532.000 bis 1.083.000 Franken
WINTERTHUR:	452.000 bis 929.000 Franken

Blick in die Statistiken

Das Statistische Jahrbuch der Schweiz 2007 ist rund 550 Seiten dick. Es wird vom Verlag Neue Zürcher Zeitung herausgegeben. Basis bilden die Untersuchungen des Bundesamtes für Statistik in Bern (Eidgenössisches Departement des Innern EDI). Aus der Fülle von Zahlen und Material greife ich einige wenige interessante Abschnitte heraus.

Bevölkerungsentwicklung

Die Population in der Schweiz wird von 7,5 Millionen (Jahr 2005) über 7,7 Millionen (2020) bis 8,1 Millionen Bewohner (2040) steigen.

Der Ausländeranteil wird sich nicht groß verändern und um 20 Prozent (jeder fünfte Bewohner) einpendeln, schätzt man: von 20,7 Prozent (2005) über 21,6 Prozent (2020) bis 20,9 Prozent (2040).

Arbeitsmarkt

Die **Zahl der Erwerbstätigen** in der Schweiz sind in den zehn Jahren von 3,9 Millionen (1995) auf 4,1 Millionen (2005) gestiegen. Der Ausländeranteil ist dabei leicht größer geworden – von 990.000 (1995) auf gut 1 Million (2005).

Die **Zahl der Erwerbslosen** bewegt sich auf gleichem Level zwischen 150.000 (im Jahr 1995) und 149.000 (2005).

Gemäss Statistischem Jahrbuch wird in der Großregion Zürich am meisten verdient. Durchschnittlicher **monatlicher Bruttolohn**[28] in der Schweiz:

- Zürich	ca. 6.000 Franken
- Nordwestschweiz (Basel etc.)	ca. 5.700 Franken
- Zentralschweiz (Zug, Luzern etc.)	ca. 5.400 Franken
- Ostschweiz	ca. 5.200 Franken
- Genferseeregion	ca. 5.600 Franken.

Preisentwicklung

In den letzten zehn Jahren sind die Preise im Bereich Nahrungsmittel kaum gestiegen. Wohnen und Energie haben hingegen angezogen um 2,8 Prozent von 2005 auf 2006, dasselbe gilt für Transportkosten. Restaurants und Hotel hielten sich vornehm zurück und registrierten nur einen Anstieg von 1,2 Prozent (im Vergleich zwischen 2005 und 2006).

Im internationalen Preisvergleich (2004) steht die Schweiz vorneweg. Nahrungsmittel sind demzufolge in Schweiz gegenüber Deut-

[28] Stand 2004

schland um ein Drittel teurer, bei alkoholischen Getränke ist man sich sehr nah. Tabakwaren sind in der Schweiz hingegen immer noch billiger als in Deutschland.

Wohnungsmarkt

In der Schweiz wird weiter fleißig gebaut. Der Trend und Wunsch nach größeren Wohnungen hält an. Die durchschnittliche Wohnfläche pro Person stieg laut Statistischem Jahrbuch der Schweiz 2007 von 39 auf 44 Quadratmeter. In der Deutschschweiz ist die Angebotspalette groß und breit, ein Blick auf die Inseratsseiten macht die Wahl zur Qual. Und wer das nötige Taschen- bzw. Wohnungsgeld besitzt, wird bestens bedient. Es kommt auf den Standort, die Verkehrsanbindung, Größe und den Luxus an. Grundstücke mit Seeanstoß sind so gut wie nicht auf dem Markt. Wohnungen mit Seesicht sind begehrt und teuer, besonders am Zuger- und Zürichsee.

21. KAPITEL

SCHWEIZER ABC – VON ALPENROSE BIS ZÜRICH

A wie Alperose

Polo Hofer, 1945 in Interlaken geboren, ist ein Unikum und Urrocker. Mit seiner Gruppe "Rumplstilz" landete er dazumal gar in deutschen Hitparaden ("Kiosk"). 2006 haben die Schweizer seinen Ohrwurm "Alperose", bei dem jeder mitsingen, mitgröhlen oder festen kann, zum Song aller Schweizer Songs erkoren. Der Berner Barde feierte nach einem gesundheitlichen Tief quasi eine Auferstehung, ist immer mal wieder auf Tour, bisweilen mit der in der Schweiz verehrten Märlitante (Märchenerzählerin) Trudi Gerster, mal mit einer Band. Er ist schier nicht unterzukriegen.

Polo wie auch sein griesgrämiger Schauspielpartner Max Rüdlinger gehören zum Kulturensemble des Filmers Clemens Klopfenstein, der mit ihnen Roadmovies wie "Die Gemmi – ein Übergang"(1994), "Das Schweigen der Männer" (1997) oder "Die Vogelpredigt oder Das Schreien der Mönche" (2005) drehte. Polo Hofer hat viel zur Blüte der Berner Rockszene beigetragen, in der so Gewächse wie ZüriWest oder Patent Ochsner aufgingen. Nun soll gar ein Platz oder eine Strasse in seinem Heimatdorf Interlaken nach ihm benannt werden. Das Berner Urgestein "Polo National" gehört zur Schweiz wie das Matterhorn oder der Granitkoloss Gotthard.

Nun darf man in diesem Zusammenhang nicht vergessen, dass es tatsächlich ein Alpengewächs namens Alpenrose gibt. Sie ist in hohen Berglagen vom Mai bis Juli anzutreffen. Es werden im

Sommer Sträußchen an Passstrecken angeboten. Bekannt ist die rostblättrige Alpenrose, seltener die bewimperte Alpenrose (Dolomiten). Beide gehören zur Familie der Rhododendren. "Alpenrosen" der geselligen Art finden sich quer durch die Deutschschweiz – das Restaurant Alpenrose existiert sowohl in Zürich als auch in Zermatt. Einen Landgasthof Alpenrose gibt es am Jakobsweg in Hofstetten bei Brienz (in unmittelbarer Nähe zum Freilichtmuseum Ballenberg). Ein anderer Berggasthof in Wasserauen im Alpsteingebiet (Appenzellerland) heißt auch so. Sogar der Wellnessbereich im Art-Furrer-Resort auf der Riederalp (Wallis) wird als Alpenrose verkauft.

B wie Bär oder...

Er ist nicht vergoldet wie in Berlin – an den Filmfestspielen oder ein Star im Zoo. Er heißt nicht Knut, ist nicht kuschelig weiß und auch kein Wonneproppen, aber auch kein Teddybär zum Schmusen, wie von Polo Hofer einst besungen. Er trollt sich im Bärengraben zu Bern und ist das **Wappentier der Schweizer Hauptstadt**. Besessene Jäger haben Meister Petz in freien Schweizer Landen vor langer Zeit den Garaus gemacht, zuletzt wurde er frei und wild 1923 im Schweizerischen Nationalpark (Engadin) gesichtet. In den 90er Jahren des letzten Jahrhunderts sind Braunbären aus Slowenien im Trentino angesiedelt worden. Die Schweiz ist nah und so kann es vorkommen, dass auch mal ein Braunbär einen Ausflug in die Schweiz macht. Ein junger Braunbär soll in jüngster Zeit an der Schweizer Grenze, von Südtirol her trollend, Halt gemacht haben. Auch der Lümmel-Bär Lumpaz hat im Sommer 2005 touristenmäßig Schweizer Luft geschnuppert. Wie sein Zwillingsbruder Bruno, den übereifrige Bayern erlegten, soll er Beute eines Jagdmanns geworden sein. Wen wundert's, dass die Brummbären sich nicht so recht auf schweizerisches Territorium trauen und heimisch werden wollen, im Gegensatz zu Österreich, wo wieder 25 bis 30 Bären leben sollen. Wer will sich denn sein Fell versohlen lassen!

Der Bär ist von Gesetz wegen geschützt, aber das ist keine Lebensgarantie – in der Schweiz. Wenn man übrigens von **Bäredräck** redet, meint man nicht Meister Petz' Kot, sondern Lackritz.

Geschützt ist auch die **Marke Baer**, aber dabei handelt es sich um das Produkt eines Familienunternehmens (seit 1922), das auf Weichkäse spezialisiert (Camembert) und in Küssnacht am Rigi beheimatet ist.

Ein ganz anderer Fall ist die **Bank Bär, Julius Bär**, um genau zu sein. Sie ist eine der "führenden reinen Vermögensverwalter in der Schweiz" (Eigenwerbung), fest verankert im internationalen Anlagefondsgeschäft. Aber auch die Devisenabteilung soll Topklasse sein.

Nun, wenn wir schon bei B und Bären sind, muss auch die Kapitale Bern gestreift werden. Dank des gemütlichen **Bärndütsch**, das viele Schweizer für die sympathischste Schweizer Mundart halten, macht die Stadt in der Aareschlaufe einen ausgesprochen heimeligen, ja geruhsamen malerischen Eindruck auf Besucher, selbst wenn Politiker, Lobbyisten und Journalisten während der Session (Parlamentssitzungen) im und ums Bundeshaus schwirren wie die Mücken ums Licht. Das alte mittelalterliche Bern mit Lauben, breiten Gassen, Brunnen und Türmen (Nummer 1: der Zytgloggeturm an der Kramgasse) hat sich mit modernen Passagen und Shopping-Komplexen arrangiert. Die Stadt mit dem Bundeshaus, 1191 vom Zähringer Herzog Berchtold gegründet, wurde 1848 Hauptstadt der Schweiz und blieb es. Ein Berner Original ist der Autor Friedrich Dürrenmatt, 1921 in Konolfingen bei Bern geboren: Behäbig, verschmitzt und scharfsinnig hat der große Weinfreund die Gesellschaft seziert, wunderbare Kriminalerzählungen wie "Der Richter und sein Henker" ersonnen, intelligente Dramen ("Der Besuch der alten Dame") und Komödien ("Die Ehe des Herrn Mississippi", "Die Physiker") geschrieben. Die Welt als großes Theater – komisch, ironisch, absurd. Dürrenmatt gab sich als heiterer Kauz, Genießer und Kritiker mit Galgenhumor. Er hat Literaturgeschichte geschrieben und starb 1990.

TIPP | BLOGWIESE

Er wohnt seit sechs, nunmehr sieben Jahren mit seiner Familie in der Schweiz, heißt Jens-Rainer Wiese und bringt ins Internet, was “de Dütschi i de Schwitz” so alles bewegt und begegnet. Seine Erlebnisse und sprachlichen Beobachtungen stellt er auf die “Blogwiese”, und das seit 1. September 2005. Der Mann schaut aufmerksam hin und hat bisher über 550 Artikel, Bemerkungen und ironische Denkwürdigkeiten veröffentlicht. Er klärt z.B. über den Dialektausdruck “Tüpflischeisser” auf und zitiert das Variantenwörterbuch: “Der bundesdeutsche Korinthenkacker ist bei den Österreichern ein Tüpferlreiter und den Schweizer Nachbarn ein Tüpflischeisser.”

Der Wiese weiß auch über Aufsteller und Ablöscher, über Finken, die stinken, oder Führerausweis ohne Führer Bescheid. Er wollte mal in der Migros, einer Lebensmittelkette mit Heimwerker- und Gartenablegern, Bier und Wein einkaufen und blieb trocken. Er bietet Schweizerdeutsch für Fortgeschrittene und erklärt, worum es bei Gotten, Göttis und Goden geht, nämlich um Paten in der Schweiz. http://www.blogwiese.ch

C wie Circus Knie

Dieser Zirkus ist eine Schweizer Institution. Carl Zuckmayer hat ihm mit seinem Stück "Katharina Knie" ein literarisches Denkmal gesetzt. Alles begann in Österreich. Um 1803 gründete die Familie Knie einen Circus und tourte quer durch Europa. Um die Jahrhundertwende wurden die Knie in der Schweiz sesshaft und 1900 Schweizer Bürger. Es dauerte fast zwei Jahrzehnte, bis sich die fahrende Institution, "Schweizer National-Circus Gebrüder Knie" geheißen, etablierte, Das war 1919. Schon damals wurde das Winterquartier am Zürichsee in Rapperswil aufgeschlagen. Das Zirkuszelt fasste bereits 3.000 Zuschauer.

Chapeau: Das Zelt wird heutzutage in 5 bis 6 Stunden aufgebaut. Der Grand-Seigneur der Pferdedressur, Fredy Knie, übernahm 1941 das Zirkusregime, er leitete das zirzensische Unternehmen zusammen mit seinem Bruder Rolf bis 1992. Die achte Generation hat die Peitsche beziehungsweise das Zepter übernommen: Der "Pferde-Flüsterer" Fredy Knie jun. (Artistischer Leiter) und der Elefanten-Fürst Franco Knie (Verwaltungsratspräsident und Technischer Leiter). Bei der aktuellen 89. Tournee (2007), die unter dem Motto "Fantastico" läuft, stehen drei Generationen Knie in der Manege: Großvater Fredy Knie, Tochter Géraldine Katharina Knie und Enkel Ivan Frédéric Knie.

Immer wieder wartete der Circus Knie (man beachte das malerische C für Circus) mit sensationellen Nummern auf: 1972 etwa ritt der Tiger "India" auf einem Nashorn. Pferde- und Elefantennummern sind bis heute Markenzeichen des Circus. Aber auch die Clown-Auftritte sind immer wieder Highlights. Vor Jahrzehnten belustigten Clown Rolf Knie und seine Gesellen. Rolf Knie hat inzwischen eine Kunstmalerkarriere gemacht und einen eigenen Winterzirkus auf die Beine gestellt.

1977 sorgte Komiker Emil (Steinberger) für große Publikumsströme. Die Mimentruppe Mummenschanz lockte 1988 und die Wortakrobaten Ursus & Nadeschkin wirbelten verbal 2002 im Zirkusrund.

Der Circus Knie hält die Manegenkultur hoch, bietet eine bunte stilvolle Palette von Tieren und Menschen, Exotik, Artisten und Akrobaten. Rund 350 Vorstellungen werden während einer Saison absolviert. Und so ist das Familienunternehmen, das ohne Subventionen auskommen muss, wieder unterwegs von März bis November – vom Zürichsee bis zum Lago Maggiore – mit annähernd 200 Menschen aus 16 Nationen und 100 Tieren.

Circus Knie, das ist ein lebendiges unternehmerisches Gesamtkunstwerk.

D wie DJ BoBo

Der Bäckergeselle aus dem Aargau, Peter René Baumann, ist einer der wenigen Schweizer Musikkünstler aus der Popszene von Weltniveau und ein Verkaufshit. DJ BoBo, der "King of Dance", ist ein Rhythmus-Animator und Bühnen-Entertainer, der Musik, Bewegung und Licht zu einer phänomenalen Show verschmilzt.

Sein Künstlerlogo BoBo soll sich auf die Comicfigur "Bobo, der Ausbrecherkönig" beziehen. Gleichwohl, DJ BoBo ist aus dem Schweizer Mittelmaß ausgebrochen und schaffte Mitte der 90er in Deutschland den Durchbruch.

Einen Riesenhit landete er 2002 mit der globalen Mambo-Mischung "Chihuahua", ursprünglich als Hintergrundmusik für einen Werbespot arrangiert. Vom "Pirates of Dance"(2005) hat sich der gewiefte Songinszenator zum "Vampir"-Promoter gewandelt. Und nun das: Der Titel "Vampires Are Alive", der die Schweiz am Eurovison Song Contest 2007 in Helsinki vertreten soll, rief eifrige Religionsgeister auf den Plan. Sie sammelten Tausende von Unterschriften und liefen Sturm gegen den Text. Ja, sie forderten beim Bundesrat gar ein Verbot. Wird DJ BoBo zurückbeißen? Ein Sturm im Wasserglas. Viel höllischer Lärm also um singende, tanzende Vampire – aber wer glaubt denn da an Blutsauger und die Botschaften von Popsongs? Eine prächtige Werbekampagne und dazu noch gratis, man hätte es nicht besser arrangieren können!

DÜRRENMATTS REDE: SCHWEIZER

Anlässlich der Verleihung des Gottlieb-Duttweiler-Preises 1990 in Zürich an Václav Havel hielt der Dichter Friedrich Dürrenmatt eine Rede.

"Lieber Václav Havel, Ihre Aufgabe als Staatspräsident fällt mit der Aufgabe Václav Havels als Dissident zusammen. Sehr geehrter Herr Staatspräsident, Sie sind hier unter Schweizern, Schweizer haben Sie begrüßt, der schweizerische Bundespräsident hat Sie empfangen, ein schweizerischer Alt-Bundesrat die Laudatio gehalten, und ich, ein Schweizer, habe auch geredet, denn man redet viel in der Schweiz.

Was sind wir Schweizer für Menschen? Vom Schicksal verschont zu werden, ist weder Schande noch Ruhm, aber es ist ein Menetekel.

Platon erzählt gegen Ende seiner ‚Politeia', dass nach dem Tode die Seele eines jeden das Los zu einem neuen Leben wählen müsse: ‚Zufällig aber habe die Seele des Odysseus das allerletzte Los erhalten und sei nun herangetreten, um zu wählen. Da sie aber in Erinnerung an ihre früheren Mühsale allen Ehrgeiz aufgegeben hatte, sei sie lange Zeit herumgegangen und habe das Leben eines zurückgezogenen, geruhsamen Mannes gesucht und gerade noch eines gefunden, das die anderen unbeachtet hatten liegen lassen. Und als sie dies entdeckt hatte, habe sie gesagt, sie würde ebenso gehandelt haben, wenn sie das erste Los bekommen hätte, und habe es mit Freude gewählt.'

Ich bin sicher, Odysseus wählte das Los, ein Schweizer zu sein."

Dürrenmatts Rede sowie Beiträge von Michael Haller im Gespräch mit Dürrenmatt ("In der Schweiz bewacht jeder sich selbst") und Adolf Ogi über eine Dürrenmatt-Ausstellung 1996 ("Wehe, ich rühme ihn nicht! Wehe, ich rühme ihn!") finden sich im Büchlein "Die Schweiz – ein Gefängnis" (Diogenes Verlag, 1997)

E wie Emil

Er hat den Deutschschweizer wie kein anderer über Helvetien hinaus dargestellt und verkauft. Seine Sketche und Kabinettstückchen haben den Luzerner Emil Steinberger, den alle nur Emil nennen, fast ein bisschen unsterblich gemacht.

Als junger Mann hatte er nach neun Jahren Schalterdienst gemerkt, dass Briefmarken und Päckli nichts für ihn waren. Er quittierte den Postdienst und fasste Fuß hinter und neben der Bühne, zuerst im Kleintheater in Luzern (1967), später leitete er die Kinos Atelier und Moderne in Luzern. Und dann betrat er selbst die Bretter, die seine Welt bedeuteten, mit "Geschichten, die das Leben schrieb" (1970). Ob als Postbeamter oder Feuerwehrmann – er hat die Lacher bis heute auf seiner Seite. Zusammen mit Walo Lüönd wurde er zum "Schweizermacher", in einem der erfolgreichsten Kinofilme der Schweizer Lichtspielgeschichte (rund eine Million Kinobesucher in der Schweiz). Rolf Lyssy hatte 1978 Regie geführt. Gesinnungsschnüffelei und das Prozedere der Einbürgerung ist immer noch aktuell, und die "Schweizermacher" mit Kantönligeist ein Evergreen. Die ironische Darstellung dieser Vorgänge hat – mit einigen Abstrichen – auch heute noch in machen Landstrichen Gültigkeit. 1981 mimte Emil einen Sonderling, der moderne Mittel zum Kennen lernen anwendet (im Kinofilm "Kassettenlieb") und 1986 den "Helden" Bluntschli in einer Fernsehfilmkomödie nach G.B. Shaw.

Und dann lockte die Manege. Emil schnupperte Artistenluft beim Circus Knie (1977) und half 1980 Circus Roncalli auf die Sprünge. 1987 nahm er Abschied von der Bühne und hing den berühmten Alltagshelden Emil an den Nagel. 1993 büxte der frühpensionierte Kabarettist nach New York aus und kam erst 1999 zurück – mit Niccel aus Deutschland an der Hand, seiner zweiten Frau. Seither produziert er sich als Schriftsteller und kann doch den Emil nicht ganz ablegen. Mit seinen "Wahren Lügengeschichten", die immer einen Kern Wahrheit enthalten (und die er selber in seiner Edition E verlegt), tourt er seit einigen Jahren wieder. "Kabarettistische Lesung" nennt er diese amüsanten, spitzbübischen Begegnungen zwischen Autor und Publikum. Und manchmal, wenn Emil Steinberger nicht aufpasst, kommt der alte Emil hervor.

Der Steinbock aus Luzern (Jahrgang 1933), der in der Westschweiz lebt, bleibt ein blendender Unterhalter, Texter und kritisch-charmanter Zeitgenosse.

F wie Fürstentum Liechtenstein

Für viele ist unbekannt, dass die Schweiz ist mit dem Fürstentum Liechtenstein liiert ist. Der Fußballclub der Hauptstadt Vaduz spielt in der zweithöchsten Schweizer Liga, der Challenge-Ligue und hat vor nicht allzu langer Zeit knapp den Aufstieg in die Super League (oberste Schweizer Spielklasse) verpasst. Gleichwohl FL (so das Autokennzeichen) hat eine eigene Fußball-Nationalmannschaft und bekannte, erfolgreiche Skirennfahrer, es sei an die Wenzel-Geschwister, Hanni und Andreas, erinnert oder an die neue Hoffnung Marco Büchel.

Das Fürstentum, eine konstitutionelle Erbmonarchie auf demokratisch-parlamentarischer Basis, hat rund 35.000 Einwohner und einen Landesherren, den Fürst Hans-Adam von und zu Liechtenstein. Bereits 1919 übernahm die Schweiz auf Ersuchen der liechtensteinischen Regierung die Wahrung der Interessen der fürstlichen Untertanen – im Ausland.

Das Fürstentum unterhält keine Armee und bildet mit der Schweiz einen gemeinsamen Wirtschafts- und Währungsraum. Landeswährung ist der Schweizer Franken. Berühmt ist die fürstliche Insel zwischen Österreich und Kanton St. Gallen für seine Briefmarken und seine Briefkasten(-adressen). Ein souveräner Staat mit dem wohl höchsten Bruttoinlandsprodukt pro Kopf weltweit mit über 81.000 Euro.

G wie General Guisan

Von der älteren Generation, also der Kriegsgeneration (Aktivdienst) in der Schweiz, wird er hoch verehrt, der General Henri Guisan, Oberbefehlshaber der Schweizer Armee während des Zweiten Weltkriegs.

Kaum eine Stadt, die nicht eine Strasse, einen Platz nach ihm benannt hat. In Zürich ist dies das General-Guisan-Quai am See. Es werden auch verschiedene Märsche durchgeführt, im Mai etwa in der Umgebung von Spiez.[29] Oder im Juni in Mézières (Waadtland). Je nach Lust und Laune und Konstitution können 10, 16, 20, 30 oder 40 km marschiert werden. Die Teilnahme ist für alle, inklusive Nordic Walkern, offen. Der General stammt aus Mézières, 1874 geboren, 1960 gestorben.

Ob Henri Guisan, historisch gesehen, tatsächlich der Retter der Schweiz vor dem Nationalsozialismus war, sei dahin gestellt. Das mögen Historiker entscheiden. Man hält ihm auf jeden Fall zugute, dass die Schweiz nicht in den Weltkrieg gezogen wurde. Er stärkte den Wehrwillen der Bevölkerung und der Soldaten (Rütli-Rapport vor 500 Truppenkommandanten im Juli 1940) und entwickelte die Réduit-Strategie (Rückzugstaktik). Die Armee verschanzte sich in den Alpen (Alpenfestung!), die Bevölkerung wäre gegebenenfalls der deutschen Wehrmacht ausgesetzt gewesen. Wie man weiß, blieb die Schweiz unbehelligt. Dem General sei Dank!

Nach dem Krieg nahm Guisan seinen Generalshut, trat an zahllosen Veranstaltungen weltweit als Redner auf, bereiste die Schweizerkolonien und widmete sich ansonsten seinem Garten.

---

[29] Sie erinnern sich an den Geist von Spiez, den Sepp Herberger 1954 für seine Elf beschwor und dann Weltmeister wurde.

Die Schweizerkolonien haben übrigens nichts mit Imperialismus und der Kolonialgeschichte zu tun, sondern mit Schweizern, die ausgewandert sind und sich irgendwo, beispielsweise in "Steinauer, Nebraska" (so heißt auch ein Dokumentarfilm des Einsiedlers Karl Saurer) oder Costa Rica niedergelassen haben und zusammenfanden.

H wie Hardturm

Den Wohnturm namens Hardturm gibt's wirklich. Vermutlich wurde er im 13. Jahrhundert errichtet und 1336 erstmals urkundlich erwähnt. Um 1570/80 sind die vier Eckertürmchen angebaut worden. Und er steht immer noch, 1999 innen und außen renoviert und seit 1. Oktober 1999 vermietet: der Hardturm.

Doch wer in Sportkreisen Hardturm sagt, meint das Fußballstadion der Grasshoppers. Was heißt denn das: Grasshoppers – Grashüpfer? Es ist der Zürcher Grasshopper-Club (GC), 1886 gegründet, der zweitälteste Fußballverein der Schweiz (nach dem FC St. Gallen, 1879). Wie GC – 27mal Schweizer Meister, 18mal Cupsieger,– ist auch das Hardturm-Stadion in die Jahre gekommen. Ein Neubau ist geplant, doch es rumort bei Investoren und Mietern, auch weil Einsprachen und Rekurse gegen die Baubewilligung das Bauvorhaben verzögern. Mindestens bis zur Eröffnung des neuen Letzigrund muss der alte Hardturm als Spielstätte herhalten für die beiden konkurrierenden Großclubs in Zürich, GC und FCZ. Die Hoppers sind Schwankungen unterworfen, die Kicker vom FC Zürich spielen an der Spitze mit und sind der größte Widersacher vom FC Basel. Der FCZ sehnt sich nach "seinem" Letzigrund. Aber der wird sich erst im September 2007 nagelneu präsentieren, wenn sich wie alljährlich die Weltklasse der Leichtathletik in Zürich einfindet (7.September). Das Timing stimmt. Dann heißt es auch für die Grasshoppers: zügeln. Sie müssen ihren Hardturm verlassen und sich mit dem neuen Letzigrund-Stadion anfreunden. Wer ist eigentlich wo zuhause? Das gab's auch mal in der Bundesliga, als Bayern und 1860 München sich das Olympiastadion teilten.

I wie Interlaken

Die Perle zwischen Thuner- und Brienzersee ist ein touristischer Anziehungspunkt wie Luzern oder Bern. Jeder vierte Tourist ist hier zwar Schweizer, doch dann kommen schon die Briten (16 Prozent), die Deutschen (12,4 Prozent) und die Japaner (9,4 Prozent).[30]

Folklore, Brauchtum, aber auch Natur, Bergwelt, Gastronomie und Hotellerie werden groß geschrieben. Die Jungfrau, nein nicht die, sondern die mit der imposanten Höhe von 4.158 Metern ü.M., ist ein magischer Anziehungspunkt. Wenn man dann aus dem edlen Bett oder vom Balkon, beispielsweise aus dem Fünfsterne-Luxushotel Victoria-Jungfrau, auf die schneebedeckte Jungfrau blickt, glaubt man sich in einer Postkartenwelt. Aber hallo, Idyllen sind real und Kitsch eine Frage der Ansicht. Die Prunkherberge, eines der Leading Hotels of the World, mit ihren weiten hohen Gängen, den majestätischen Kristalllüstern, dem gediegenen Spa-Bereich und diskreten, aber sehr aufmerksamen Service kostet, aber man kommt auch auf seine Kosten.

Auf dem "Bödeli", der Ebene zwischen den Seen, entstanden Dörfer um Interlaken. Eine Agglomeration von über 20.000 Einwohnern heute. Anfang des 12. Jahrhunderts wurde hier das Augustinerkloster gegründet, dazumal der größte Grundbesitzer. Mit der Reformation kam 1528 das Aus fürs Kloster. Landvögte nisteten sich ein. Zum Besitz gehörte auch die Höhematte, Diese grüne Oase direkt vor der Victoria/Jungfrau inmitten des Dorfes besteht, ist also weiter unverbaut ist. Diese grüne Matte verdankt ihre Existenz dem Umstand, dass sich Hoteliers und Private zusammen taten, die Parzelle kauften und vertraglich vereinbarten, dass dieses Land nicht zerstückelt, keine Bäume gefällt oder ver-

[30] Stand: 2005

stümmelt werden dürfe. Dank dieses Vertragswerks ist diese 14 Hektar große Wiese nicht bebaut und "verschandelt" worden. Ihr ist es zu verdanken, dass der Blick auf die Jungfrau frei geblieben ist.

Weitsicht, Zufall oder Glück? Wohl alles zusammen.

Der Tourismus setzt am Anfang des 19. Jahrhunderts ein. Die Alpenfeste zu Unspunnen 1805 und 1808 lockten Fremde an. Molkenkuren zur Entschlackung wurden angeboten. 1872 wurde die Bödeli-Bahn in Betrieb genommen, seit 1892 transportierten Dampfschiffe Passagiere durch den neuen Kanal vom Thunersee nach Interlaken. Ab 1890 erschlossen weitere Bahnen Grindelwald und Lauterbrunnen, die Kleine Scheidegg (Wengeralpbahn), die Schynige-Platte (1893) und das Jungfraujoch (1912). Schließlich verband die Brünigbahn ab 1916 Luzern mit Interlaken. Die Region Eiger (3970 m), Mönch (4107 m) und Jungfrau (4158 m) waren so zum großen Teil erschlossen.

Die phantastische Welt der Alpengipfel samt grandiosen Aussichten vom Schilthorn (2971 m) mit dem Drehrestaurant oder Top of Europe (3454 m) am Jungfraujoch hat bis heute ihre Anziehungskraft nicht verloren. Die Schweiz liegt einem zu Füssen.

Im Sommer trifft man leibhaftig Wilhelm Tell. Er zeigt, was eine Armbrust und Freiheitswillen vermögen. Auf der Naturbühne (2.000 gedeckte Plätze) am Rugen, der übrigens auch dem einheimischen Bier seinen Namen gab, muckt der Rebell auf, schließen die Mannsbilder Fürst, Stauffacher und Melchtal einen Bund gegen Tyrannei und wird Landvogt Gessler von Tells Geschoss getroffen. Die Tellspiele (seit 1912) besuchen alljährlich 30.000 bis 40.000 Zuschauer (2007: 21. Juni bis 8. September). Und abends geht's nicht ins Maxim, sondern in anheimelnden Kursaal mit seiner prächtigen Jugendstilausstattung (1859), in den Spycher oder ins

Casino. Von dieser Gegend schwärmte bereits der Komponist Felix Mendelssohn-Bartholdy 1842 und beschrieb sie als “das Allerschönste in diesem unbegreiflich schönen Land”.

http://www.interlaken.ch
http://www.victoria-jungfrau.ch
http://www.tellspiele.ch

J wie Johannisberg

Schweizer Wein wird im Ausland kaum wahrgenommen, es sei denn von Schweizern auf Reisen oder Auslandschweizern. Im dicken Weinschmöker von André Dominé mit 960 Seiten (Könemann Verlag, Köln) wird die Schweiz auf 14 Seiten abgehandelt. Österreich bringt es immerhin auf 28 Seiten und Luxemburg auf 4 Seiten. Natürlich sollen es wieder die Römer gewesen sein, die Rebstöcke anpflanzten, und zwar im Raum Basel und Windisch. Doch schon die alten Griechen hatten Wein exportiert, und von Massilia (Marseilles), nehmen Historiker an, habe der Wein auch nach Arialbinnum (Basel-St.Johann) gefunden. Die Vorfahren Helvetiens haben wohl die Wildrebe und Wein gekannt und gekostet, aber keine Weinbaukultur betrieben. Das waren wirklich die weinseligen Römer. Später siedelten sich Mönche aus dem Burgund bei Aigle im Kanton Waadt an. Vom Kloster St. Maurice aus kultivierten sie im 6. Jahrhundert die Weinberge.

Um 1884 umfassten die Rebflächen 35.000 Hektaren, heute sind es noch 15.000. Schuld an diesem Niedergang waren diverse Rebkrankheiten (Reblaus, der falsche Mehltau) aber auch der Konkurrenzdruck. Dank den Alpentunnels vom Arlberg und Gotthard wurde massenhaft Wein aus Italien und Tirol eingeführt. Außerdem kam Bier in Mode und überflügelte den Rebensaft, der am Ende des 19. Jahrhunderts doch nicht so edel war. Es wurde gepanscht.

Die Weinwirtschaft erholte sich erst nach dem Zweiten Weltkrieg. Den größten Teil der Anbauflächen, nämlich etwas über die Hälfte, beanspruchen heute die roten Rebsorten Pino Noir, Gamay und Merlot. Bei den weißen Sorten dominiert die Chasselas-Traube (fast ein Drittel), abgeschlagen folgen Müller-Thurgau (Riesling-Sylvaner), Chardonnay, Sylvaner und Ruländer. Klar an erster Stelle im Weinbau-Ranking liegt das Wallis (über 5.200 Hektar), gefolgt von der Waadt (3.900 Hektar), Genf (1.400 Hektar) und dem Tessin (1.000 Hektar).

Der beliebte Weißwein Johannisberg entspricht dem Grünen Sylvaner. Er wurde aus dem Rheingau eingeführt und ist seit Mitte des 19. Jahrhunderts im Wallis heimisch. Der gehaltvolle Tropfen (Werbung: "weich und rassig"), lagerfähig zwei bis fünf Jahre, eignet sich sehr gut zu Fischgerichten, Spargel und Fondue. Sein Name könnte aus Transsylvanien (Rumänien) stammen. Der Sylvaner wird vor allem in Deutschland und im Elsass angebaut. Sein Halbbruder, der Müller-Thurgau, ist eine Kreuzung des Professors Müller-Thurgau (1882), der ab 1889 an der Eidgenössischen Forschungsanstalt Wädenswil am Zürichsee tätig war. In der Schweiz war diese Bezeichnung nicht genehm, also verboten. Diese Sorte heißt hier Riesling-Sylvaner.

Wer Johannisberg sagt, muss auch Fendant ("frisch, rassig, herzhaft temperamentvoll") nennen. Dieser Name ist ausschließlich dem Kanton Wallis vorbehalten. Er wird aus Chasselas-Trauben gewonnen und höchst beliebt bei allen möglichen Anlässen (Apéro), bei Raclette, Fondue oder Sauerkraut.

Das sind nur zwei, drei Weine zum Verköstigen. Bacchus hätte seine Freude, auch dem Roten eine Seite zu kredenzen. Sagen wir es so: Probieren geht über Studieren. Ein Gelegenheit findet sich bestimmt, vielleicht in "Edi's Weinstube" in Zürich, wo ein Glas für drei Franken degustiert werden kann. Ein alter Spruch aus dem 18. Jahrhundert hat heute noch Gültigkeit: "Der gute Wein muss Catholisch seyn, Luterisch und ein Jud; das ist: Ungemischt, lauter und ohne Wasser und ungetauft."[31]

---

[31] Quelle: Niklaus Flüeler (Herausgeber) "Von der Rebe zum Wein – Weinbau in der Schweiz", Spezialauflage 1980. Siehe auch http://www.wine.ch

TIPP | JAKOBSWEG

Es führen viele Wege nach Rom und auch nach Santiago de Compostela. Der Jakobsweg ist in Mode gekommen. Jakobus der Ältere ist einer der zwölf Jünger Jesu. Er soll im spanischen Santiago de Compostela begraben sein.

Die Legende will es so. Es gibt eine Reihe von Büchern über den Jakobsweg, einen heiteren französischen Film über eine komische Pilgerschar ("Saint-Jacques...la Mecque") und viele Wanderer, die sich auf die Socken machen. Mag sein, dass Santiago das Ziel ist, manchmal ist es auch nur der Weg.

Die Schweizer Route kann in St. Gallen, Sachseln (Flüeli-Ranft), Einsiedeln oder Luzern beginnen. Die Strecke kann jeder selber bestimmen. Von Einsiedeln bis Santiago sind rund 2.160 Kilometer zu überwinden. Es gibt einige Varianten. Ein Teilstück der Schweizer Route führt (möglicherweise) von Luzern über Willisau und Burgdorf nach Bern (der Luzernerweg). Die Strecke ist problemlos, aber lang. Gewiefte Wanderer benötigen zwei Tage. In der Pfarrei oder im Pfarramt werden Pilgerstempel abgeholt. Und die Jakobsmuschel läuft mit.

Jost Auf der Maur berichtete in der "NZZ am Sonntag" von seinen Wandererfahrungen und zitierte die Wirtin in Häusermoos: "Jetzt geht's dann wieder los mit den Pilgern. Jedes Jahr werden es mehr. Und die Deutschen, die kommen halt meistens in Gruppen." Sie möchte sich schon lange das Pilgerbuch dieses Kerkeling ausleihen. Aber in der Gemeindebibliothek sei immer jemand schon vor ihr da gewesen.

K wie Köbi Kuhn

Vor und während der Fußball-WM 2006 hat man ihn enthusiastisch gefeiert. Was Kaiser Franz für Deutschland war, war König Köbi für die Schweizer Fußballnation. Köbi heißt eigentlich Jakob und ist ein echter Zürcher Bueb, einer aus Wiedikon, dem Quartier, dem er bis heute treu geblieben ist. Als aktiver Fußballer war er eine Spielerpersönlichkeit beim FC Zürich (6 Meistertitel, 5 Cupsiege), heute ist er Nati-Trainer, will heißen Trainer der Schweizer Fußballnationalmannschaft. Bis zum verheerenden Penalty-Schiessen (Elfmeterschiessen) lief's gut an der WM 2006, doch dann schieden die Schweizer Kicker aus. So richtig erholt haben sie sich bis heute noch nicht von dem Rasen-Flop. Es setzte Niederlagen 2007 ab – gegen Brasilien (okay), gegen Deutschland (okay), aber gegen Österreich und Kolumbien? Das war dann nicht mehr okay für die Fußballschweiz. Köbi, 2006 noch zum Trainer und Schweizer des Jahres erkoren, stand plötzlich unter Beschuss. Das Denkmal, die Galionsfigur, welche die kickenden Eidgenossen, die wie Degen, Streller, Magnin oder Frei ihr Geld im Ausland verdienen, erfolgreich durch die Europameisterschaft im eigenen Land 2008 führen sollte, wankte, aber fiel nicht. Köbis lapidare, aber einleuchtende Erklärung: *"Der Sockel, von dem mich gewisse Medien zu stürzen versuchen, habe ich weder gebaut, noch bin ich selber hinaufgestiegen. Folglich kann ich auch nicht runterfallen, weil ich selber nie oben gestanden habe."* (Schweizer Familie, 11/07). Köbi Kuhn entwarf ein bisschen wie Herberger das Bild einer verschworenen Gemeinschaft ("Elf Freunde müsst ihr sein."). Doch die Harmonie zerbrach, als Erfolge ausblieben. Das kann sich schnell wieder ändern. Denn Köbi ist aus dem Holz geschnitzt, dass nicht so schnell zerbirst. Seine Perspektive: "Wir gehen den Weg weiter: gestützt von oben und getragen von unten, von den Spielern." (Tages-Anzeiger, März 07).

L wie Lauterbrunnen und Lauberhorn

Der Name leitet sich wohl von den vielem "lauten Brunnen" her, gemeint waren zu Urväterzeiten die mehr als 70 Wasserfälle im Lauterbrunnental. Das Walserdorf Lauterbrunnen wurde 1240 erstmals urkundlich erwähnt. Heute bilden die Dörfer Wengen, Mürren, Lauterbrunnen, Gimmelwald und Stechelberg die politische Gemeinde Lauterbrunnen im Berner Oberland. Aber das ist nur Nebensache, wenn im Januar die Skicracks anreisen. Es ist die Zeit des Lauberhornrennen.[32] Es ist ein Klassiker wie die Hahnenkamm-Rennen in Kitzbühl – für alle, die am Wintersport interessiert sind. Deutsche Athleten haben sich keine Siegeslorbeeren geholt, weder in der Abfahrt noch im Slalom oder in der Kombination. Das wird sich auch sobald nicht ändern. Andere Länder stehen besser auf den Skiern, zumindest im Skiweltcup-Zirkus. Gleichwohl ist die Lauberhornabfahrt alljährlich ein Medien- und Live-Spektakel in der Schweiz. 2007 siegte übrigens der Amerikaner Bode Miller vor dem Schweizer Didier Cuche. Nie gehört? Aber in der Schweiz kommen Sie um dieses millionenschwere Ereignis nicht herum.

Das Rennen hat eine lange Tradition. Früher war's gemütlicher, Leistungsdruck und Medieninteresse waren kleiner. Der Wengener Karl Molitor hat Geschichte geschrieben. Elfmal ließ er sich als Sieger feiern. "Moli" gelang einmal gar ein Bubenstück: Verbündete hatten dem 19-Jährigen beim Rennen 1939 eine rund 200 Meter lange Abkürzung präpariert. Das war damals noch möglich. Doch "Moli" stürzte, gewann trotzdem mit neun Sekunden Vorsprung. Über den berühmten Hundschopf erzählt der Veteran: *"Er war damals viel gefährlicher als heute. Er war höher und schmaler, so dass wir stark abbremsen mussten. Überhaupt musste man damals viel vorsichtiger fahren und das Risiko richtig abschätzen, denn im*

[32] 2008: Das 78. Rennen findet vom 11. bis 13. Januar statt.

Gegensatz zu heute war die Rennstrecke damals nicht wie eine Autobahn präpariert; die Piste wies viele Buckel und Löcher auf."

Der moderne Skiweltcup ist zum Kommerzzirkus verkommen, bei dem der größte Feind das Wetter ist. Mal hat's zu viel Schnee, mal zu wenig, mal schlechte Sicht, zu viel Wind oder zu warme Temperaturen. Und ohne künstlich präparierte Pisten läuft fast gar nichts mehr. Am besten wäre es doch, diese Rennen in der Halle auszutragen oder nicht?

M wie Morgestraich

Man muss kein Basler sein, um sich an diesem einzigartigen Volksritual zu begeistern. Gespenstisch wird's in den frühen Morgenstunden am Montagmorgen. Schummrige Gestalten mit Laternen schlurfen durch die Gassen, sammeln sich, ordnen sich. Die Uhr nähert sich der vierten Stunde in der Früh. Alle Lichter in der Innenstadt Basels erlöschen. Mit dem Glockenschlag 4 setzt ein Trommeln und Pfeifen ein, dass einem Hören und Sehen vergeht – oder eben nicht. "Morgestraich, vorwärts Marsch! – die Basler Fasnacht hat begonnen, fünf Tage nach Aschermittwoch. Die Cliquen (Fasnachtsgesellschaften) setzen sich in Bewegung.

Sie haben so pittoreske Namen wie die Aagfrässene, Rootheere, Basler Rolli, die Verschuuffer, die Alti Stainlemer, Opti-Mischte oder Basler Bebbi, wie Stachelbeeri, Sonate-Schlyffer oder Schänzli-Fänger. Nicht zu vergessen die Gaggemugge, die seit über 60 Jahren an der Fasnacht schränzen.

Ein bunter musizierender, marschierender Zug grotesker Gesellen und Gesellinnen mit Larven (Masken) und wahren Laternenkunstwerken wälzt sich über den Marktplatz durch die Altstadt. Dieses urige Marschmusik-Treiben mit Piccolo und Trommeln dauert ein paar Stunden und endet meistens bei Mehlsuppe (eine Spezialität), Zwiebel- und Käsewähe, Fasnachtskiechli, bei Wein, Kaffee oder Kaffee fertig (Kaffee gesüßt mit viel Obstbranntwein – siehe Abschnitt "Urchiges und Originelles"). Auf den kunstvoll hergerichteten Laternen – es gibt Kopf- und Stägge-Ladärnli (Kopf- und Stangenlaternen) – werden Ereignisse des Jahres, politische, gesellschaftliche, sportliche, durch den Kakao gezogen, in Wort und Bild kommentiert.

Mit dem Morgestraich beginnen für Tausende die drei schönsten Tage des Jahres ("drey scheenschte Dääg"). Manche Basler nehmen auch Reißaus und verduften in die Skiferien.[33] Es ist der große Fasnachtsumzug, Cortège, an dem die Cliquen ihr Sujet und ihre Kostüme präsentieren und sich Guggemusigen dazu gesellen.

Ein Kapitel für sich sind die Schnitzelbängg, Verse zu Ereignissen zu gesellschaftlichen Phänomenen oder Begebenheiten, die in Beizen und in Hallen vorgetragen werden. Die Basler Fasnacht distanziert sich bewusst von der katholischen Fasnacht. Gleichwohl werden immer wieder Fasnächtler aus der Innerschweiz und dem süddeutschen Raum gesichtet, die in Basel mitmischen, während daheim die Fastenzeit begonnen hat. 1834 wurde erstmals zum Morgestraich gerufen, 2008 dann wieder am Montag, 11. Februar.

Nähere Informationen unter http://www.fasnacht.ch

[33] In der Schweiz sagt man Ferien, egal ob von der Schule oder Büro und meint Urlaub.

N wie Nestlé

Dieses Unternehmen ist ein ganz großer Global-Player. 2006 war für Nestlé ein Rekordjahr – mit einer Umsatzsteigerung um 8,1 Prozent auf 98,5 Milliarden Franken und einem Reingewinn von 9,2 Milliarden Franken (plus 13,8 Prozent). Der weltgrößte Nahrungskonzern mit Hauptsitz in Vevey am Genfersee ist auch 2007 auf Gewinnkurs. Der Umsatz nahm im Vergleich zum Vorjahr um 6,4 Prozent auf 24,251 Milliarden Franken zu.

Viele Markennamen segeln unter Nestlé-Flagge, Nescafé und Nesquik zum Beispiel, aber auch das Edelwasser Perrier, die Schokolade Cailler, die kunterbunten Smarties, die Würzfabrik Maggie oder Thomy. 99 Prozent aller Schweizer kennen Thomy-Produkte, in mehr als 2,3 Millionen Schweizer Haushalten findet sich eine Thomy-Tube oder -Dose (Senf, Mayonnaise). Rund 1.500 Tonnen Senf und 3.700 Tonnen Mayonnaise wurden 2006 verkauft.

Einen regelrechten Flop landete Nestlé 2006 mit der künstlerischen Aufpeppung des Schoggi-Produkts Cailler. Man hatte extra Stararchitekten Jean Nouvel aufgeboten, um der Schoggi ein neues Design mit Pet-Verpackung zu verpassen. Das ging fürchterlich in die Hose, Konsumenten verweigerten sich, und Chocolats Caillier fuhr einen Verlust von 24 Millionen Franken ein. Das kostete Chefin Nelly Wenger den Job, sie trat im Dezember 2006 zurück.

Inzwischen haben sich die Wogen geglättet. Cailler wurde neu lanciert. Konzernchef Peter Brabeck aus Österreich hat taktisch geschickt eine Diskussion um Wasser vom Zaun gebrochen. Der Nestlé-CEO und Verwaltungsratspräsident, der mit seinem Konzern rund 20 Milliarden Liter Wasser in Flaschen abfüllt und verkauft, macht auf den sorglosen Verbrauch von Wasser und Wasserknappheit aufmerksam. *"Für Nestlé ist Wasser eine kritische*

Ressource, weil wir viele landschaftliche Produkte brauchen. Lassen Sie mich das einmal vorrechnen: Zum Trinken, Waschen und für die Körperpflege braucht der durchschnittliche Europäer etwa 50 Liter Wasser am Tag", meint er in einem Interview mit Wirtschaftsredaktoren der "Zeit". *"und hinzu kommt, dass wir auch noch bis zu 8.000 Liter Wasser am Tag essen. Jede pflanzliche Kalorie kostet in der Herstellung einen Liter Wasser, jede Kalorie aus tierischer Nahrung das zehnfache. Da liegt das Problem."*

O wie Ovomaltine

E heissi Ovi – das ist nicht nur der Wunsch vieler Kinder, wenn sie sich auf der Piste ausgetobt haben, sondern auch der vieler Erwachsener. Der Mix ist ganz einfach: Malz, Milch, Ei und Kakao und fertig ist die Ovomaltine, mit der Kinder in der Schweiz groß werden. Die erste moderne Kraftnahrung wurde vom Berner Pharmazeuten Albert Wander 1904 auf den Markt gebracht. Zuerst waren nur Apotheken und Drogerien Abnehmer. Wurden 1905 noch 20 Tonnen produziert, so waren es zwei Jahre später fünfmal so viel (100 Tonnen). Das Pulver in der orangefarbenen Dose avancierte zum Welthit.

Heute werden über drei Milliarden Tassen Ovo jährlich weltweit getrunken. Bei Sportlern ist es als Aufbaugetränk sehr beliebt. Es gibt das Instant-Malzgetränk in über 100 Ländern. In Deutschland und Österreich wird es neben Maltose auch mit Saccharose versetzt und somit versüßt. Die "echte Ovomaltine" ist zuckerfrei und nur in der Schweiz erhältlich. Produziert wird das populäre Pulver einzig in der Schweiz, in Neuenegg, Kanton Bern. Dr. Albert Wander hatte den Erfolgsextrakt 1904 entwickelt als nährendes Getränk für "geistig und körperlich Erschöpfte". 1967 wurde das Unternehmen Wander AG von Sandoz übernommen und gehört nun dem Nahrungsmittelgiganten ABF (Associated British Food).

P wie Prix Walo

Preise gibt's wie Sand am Meer. Doch es gibt nur einen Prix Walo. Er wurde just im April 2007 zum 33. Mal gefeiert, erstmals im Casino Interlaken, live übertragen von 3+, dem jungen Schweizer Fernsehsender. Der Unterhaltungschef des Schweizer Radios, gleichzeitig Leiter des Radioorchesters, Walo Linder, und André Bernern hatte diese Auszeichnung 1974 ins Leben gerufen. Zur selben Zeit wurde in Zürich der "Show Biz Stamm" aktiv, eine Vereinigung, welche sowohl die Kontaktpflege mit nationalen und internationalen Künstlern wie auch die Nachwuchsförderung auf die Fahnen geschrieben hatte. Zum Stamm gehörten beispielsweise Curd Jürgens, Gustav Knuth, Lilly Palmer, Caterina Valente oder Udo Jürgens. Anno 1980 schlossen sich beide Organisationen zur "Show Szene Schweiz" zusammen. Und so werden denn alljährlich die Prix Walo verliehen, in diversen Showkategorien. Eine Fachjury wählt die Sieger, und die heißen im Jahr 2007:

- Lovebugs (Pop/Rock)
- ChueLee (Schlager/Chanson)
- Cornelia Boesch (Newcomer)
- "Glanz & Gloria" (TV-Produktion)
- "Die Herbstzeitlosen" (Filmproduktion)
- Divertimento (Kabarett/Comedy)
- Stephanie Glaser (Schauspielerin)
- "Karl's kühne Gassenschau" (Theaterproduktion).

Der Publikumspreis ging ebenfalls an Stephanie Glaser. Ein pensionierter Komiker, der in diesem Jahr seinen 87. Geburtstag feiert, wurde mit dem Ehren-Prix-Walo geehrt; Walter Roderer, der wie kaum ein anderer den Schweizer Füdlibürger spielte und verkörperte. Unter den Publikumslieblingen, die seit 1974 gewählt werden, schießt übrigens die Volksmusiksängerin Francine Jordi den Vogel ab: sie erhielt den Show-Publikumspreis gleich viermal und sahnte zweimal als Spartensiegerin ab (1998 und 1999).

Fast alle bedeutsamen Schweizer Showgrößen wurden hier abgefeiert. Eine fehlt, und das ist die Schauspielerin und Sängerin Monika Kaelin. Kein Wunder, ist sie doch die tragende Figur, der Motor der Showförderung (Sprungbrettveranstaltungen für den Nachwuchs, der einen Kleinen Prix Walo gewinnen kann). Sie ist seit einigen Jahren auch die Präsidentin der Show Szene Schweiz und die Produzentin der Prix-Walo-Gala, die in den nächsten Jahren in Interlaken über die Bühne geht. Und eine Präsidentin setzt sich nicht selber die Krone auf, oder?

Q wie Quinten

Machen wir es kurz: Quinten ist begrenzt, heißt eingegrenzt.

Das Dörfchen (434 Meter ü.M.) am Walensee wird vom steil abfallenden Churfirsten beschattet. Es ist nur zu Fuß oder auf dem Seeweg zu erreichen, genießt aber ein sehr mildes Klima. Das erlaubt den Anbau von Feigen, Kiwis, Khakis, Bananen und Trauben. Favorit ist die Blauburgundertraube. Jährlich werden annähernd 45 Tonnen Trauben geerntet. Die 55 Dorfbewohner auf dem kleinen Landvorsprung am Walensee fühlen sich heimisch. Ihre kleine Bergkapelle ist dem Heiligen St. Bernhard geweiht. Stolz sind die Quintner außerdem auf ihren einzigen Verein, dem MSV (Militärschützenverein).

R **wie Radio**

Vorweg: Bei den diversen Privatsendern und beim öffentlich-rechtlichen Schweizer Radio DRS wird Mundart gesprochen, bis auf gewisse Ausnahmen. Die Nachrichten in Schriftdeutsch sind klar verständlich, doch bei Sport- oder Wetterberichten funkt oft der Dialekt dazwischen. Auch bei Verkehrsmeldungen ist man davor nicht gefeit. Apropos Verkehrsmeldungen, die sind derart lahm und ungenau beim Schweizer Radio (SR), dass man sich fragen muss, wer diese verspäteten und laschen Informationen sponsert. Zumindest bei SR ist man verlassen, wenn man sich auf diese vagen Verkehrsmeldungen verlässt. Meistens steckt man dann schon mittendrin im Stau, am Gotthard beispielsweise. Die Privatsender sind flexibler, auch hörerdienlicher. Sie warnen vor Blitzern und Radarfallen. Die Hörer werden einbezogen und können ihre Beobachtungen auf den Strassen einbringen.

Das Schweizer Radio blickt auf eine bald 85-jährige Geschichte zurück. 1923 bewilligten die Bundesbehörden Versuche für Lokalradios in Zürich, Bern und Basel. Das Fußball-Länderspiel Schweiz – Uruguay wird 1923 aus Paris direkt in die Zürcher Tonhalle übertragen. Ein Jahr später tauchten die ersten Radiogenossenschaften auf. Ab August 1924 werden in Zürich die ersten regulären Sendungen ausgestrahlt. Am 24. Februar 1931 wurde die Schweizerische Rundspruch-Gesellschaft (SRG) gegründet, in der alle regionalen Radioorganisationen zusammen geschlossen werden. Das Monopol wird festgeschrieben. Im Leitbild von SR DRS heißt es: "Schweizer Radio DRS informiert, bildet und unterhält. Als Unternehmen der SRG SSR idée suisse steht Schweizer Radio DRS für den Service public und im Dienst der Menschen in diesem Land... Schweizer Radio DRS hat die Welt im Auge, im Zentrum stehen die Schweiz und ihre Regionen." 1938 wurde das Rätoromanische als vierte Landesssprache anerkannt.

Während der Naziherrschaft wurde Radio Beromünster (Mittelwelle), so benannt nach der Sendeanlage im Kanton Luzern, ein wichtiges unabhängiges Sprachrohr und kritisches Medium. Die Sendung "Weltchronik" von Jean-Rodolphe von Salis wurde im Ausland stark beachtet. Das Radio über Kurzwelle nahm eine wichtige politische Funktion wahr und unterstützte die "Geistige Landesverteidigung" (siehe Abschnitt "Widerstand und Anpassung").

1952 wurde der UKW-Sender in Betrieb genommen, 1956 kam ein zweites Radioprogramm hinzu.1938 wird das Rätoromanische als vierte Landessprache anerkannt. Der Schweizerische Landessender Beromünster wurde in Schweizer Radio umbenannt, der Kurzwellendienst 1978 in Schweizer Radio International (SRI).

Der Bundesrat hatte dem Druck der Öffentlichkeit stattgegeben. 1983 wurden kommerziellen und privaten Sendern zeitlich begrenzt Sendekonzessionen erteilt. Das war eine Folge der Radiopiraterie, die Roger Schawinski (Ex-Sat-1-Chef) erfolgreich seit 1979 vom Pizzo Groppera in Oberitalien mit seinem Privatradio 24 betrieben hatte.

1983 führte die SRG eine dritte Programmkette ein, die besonders junge Hörer ansprechen sollte: DRS 3 für die Deutschschweiz, Couleur 3 für Radio Suisse Romande und Rete 3 für Svizzera Italiana.

Bei der SRG waren die Radioaufgaben Anfang der Neunzigerjahre klar verteilt: DRS, sozusagen die Mutterstadion, sollte für umfassende, aktuelle Informationen sorgen und möglichst viele Bevölkerungsgruppen erreichen: Die Service-Welle also. DRS 2 war der Kultursender, der Hörer ansprechen sollte, die sich für E-Musik, Kultur, Bildung und gesellschaftliche Fragen und Probleme interessierten. DRS 3 sollte die jungen Hörer bedienen, die zu Radio 24 abgedriftet waren. Nach gut zehn Jahren haben sich gewisse Gewichte verschoben. DRS 3 ist zum Servicesender geworden, der auf jung und trendig macht. DRS 2, der textlastige Sender, trägt mit Beiträgen und Hintergrundberichten zu kulturellen und gesellschaftlichen Fragen und Ereignisse bei. DRS 1, etwas betulich, aber solide bietet von allem etwas und spricht eher Generationen über 40 an.

1996 etabliert Generaldirektor Armin Walpen die Musigwälle 531 als Radiosender mit Volks- und Unterhaltungsmusik. In der zweiten Hälfte der Neunzigerjahre sinkt der Marktanteil der SRG-Radios erstmals unter 50 Prozent. Ein Heer von Privatsendern quer durch die Landemacht das SRG-Leben schwer - von A wie Radio Argovia (Aargau) über B wie Basilisk (Basel), E wie Energy (Zürich) oder P wie Pilatus (Luzern), R wie Radio 24 oder Radio Top bis Z wie Radio Zürisee.

Wenn Sie mich fragen: Mir ist der SWR am liebsten...

S wie Swissair und Swiss

Es war ein Schock für die ganze Schweiz, als die Swissair am 2. Oktober 2001 am Boden lag: Grounding – so heißt auch ein Kinofilm, der die "Helden" dieser Tragödie, Beteiligte, Betroffene und Benutzer ins Kameralicht rückte. Die nationale Institution Swissair war an der Zeit (11. September), an Umständen, am Missmanagement, an den Banken, eigener Strategie (Hybris) und Verpflichtungen gescheitert. Die einst stolze Flotte war lahm gelegt. Kein Geld, kein Sprit, kein Flug. Milliardenverluste. Arbeitsplatzverluste. Image- und Vertrauensverlust. Beteiligte mussten sich im Frühling 2007 vor Gericht rechtfertigen. Die Schuldfrage erfasst viele Komponenten und viele Verwaltungsräte, Manager, Beisitzer, Mitspieler. Die Ära der Schweizer Fluggesellschaften begann 1919 mit dem Militärpiloten Walter Mittelholzer und seiner Comte. 1920 übernimmt Ad Astra die Gesellschaft Comte. 1931 fusionieren Ad Astra und Balair zur Swissair. Die Airline hatte 13 Flugzeuge und 64 Mitarbeiter. 70 Jahre später waren es über 150 Maschinen. Sechs Jahre nach der Bruchlandung der Swissair fliegt sie wieder in schwarze Zahlen, nun unter dem Namen Swiss und unter Obhut der Lufthansa. Sie hatte die Crash-Line am 2. März 2005 gekauft und ihr den deutschen Topmanager Christoph Franz verpasst. Zusammen mit der Mutterairline Lufthansa (kräftige Gewinnsteigerung) ist auch die Swiss im Steigflug begriffen. Das erste Quartal 2007 bescherte ihr einen gewaltigen Gewinnsprung. 2,65 Millionen Passagiere flogen in diesem Zeitraum Swiss. Das beste Quartalsergebnis seit der Gründung 2002. *"Wir sind besonders zufrieden, dass die Swiss heute wächst, in die Flotte investiert wird und dadurch Hunderte von Arbeitsplätzen gesichert werden können"*, bemerkt Swiss-Boss Franz.[34]

[34] Quelle zur SR-Geschichte: René Lüchinger (Herausgeber) "Swissair – Mythos und Grounding", Scalo Verlag, Zürich 2006

T wie TV und Thurnheer

Der "Schnorri der Nation", Bernard Thurnheer, ist wie die Tagesschau, Kassensturz oder Rundschau ein fester Bestandteil des Schweizer Fernsehens. Der Winterthurer (Jahrgang 1949) hat als Sportreporter angefangen, Spezialität Fußball und Eishockey. Seine Karriere als Moderator im Unterhaltungsbereich begann er mit dem Quiz "Tell-Star" (1980-1991). Dann kam ab 1992 die Samstagabendkiste, der er seinen Namen gab: "Benissimo". Das Lotteriespiel um eine Million gehört noch immer zum Unterhaltungsprogramm und zieht um die Million Zuschauer an. Ein Ende ist nicht abzusehen.

Die Entwicklung des Schweizer Fernsehens verlief ähnlich wie beim Radio. Zuerst die Pioniere, dann die Piraten, schließlich die Politiker und Sachverwalter. 1958 wurde der definitive Fernsehbetrieb in Zürich und Genf aufgenommen, auch die rätoromanischen Zuschauer wurden mit Regionalsendungen bedient. Ins Tessin werden die Programme mit italienischen Kommentaren übertragen. 1958 wurden 1,3 Millionen Radio- und 50.000 Fernsehkonzessionen gelöst. Der Bundesrat bestimmt Genf, Lugano und Zürich als TV-Standorte, die drei großen Sprachregionen hatten nun ihre TV-Anstalten. 1960 wurde die Schweizerische Rundspruchgesellschaft in Schweizerische Radio- und Fernsehgesellschaft (SRG) umgetauft.

Versuche einen zweiten Fernsehkanal zu etablieren, etwa mit S-plus und Schweiz 4 gingen bergab. Erst 1997 wurde mit SF 2 (sowie TSR2 und TSI 2) ein zweiter Kanal auf sichere Beine gestellt. Er holte sich die Zuschauer vor allem dank Sportübertragungen. Heute sind SF 1 und SF2 keine geschützte Anstalt mehr. Es wird vor allem über fehlende Gelder gejammert, denn der Gebührenkuchen wurde neu verteilt. Die Privaten stehen nicht mehr im Abseits. Und ähnlich wie in der Radioszene haben sich auch auf dem TV-Terrain lokale, regionale und auch nationale Sender etabliert wie das Schaffhauser Fernsehen, Tele Bärn, Tele Basel, Tele Bielingue, Tele M1, Tele Ostschweiz, Tele Südostschweiz, Tele Tell, Tele Top, Tele Züri oder Star TV, dazu Intro TV, MW 1, Viva, U1 und 3+, das jüngste Fernsehbaby. 3+ ging Ende August 2006 auf Sendung mit Kurznachrichten (90 Sekunden), eingekauften Serien und Filmen. Rar sind eher Eigenproduktionen wie Superstar und Liveübertragungen wie die von der Prix-Walo-Gala aus Interlaken.

U wie Unspunnen

Eine Ruine gab dem Fest seinen Namen: Vor der majestätischen Kulisse von Eiger, Mönch und Jungfrau (siehe Abschnitt "Lauberhorn und Lauterbrunnen") sollte ein nationales Zeichen gesetzt werden. Napoleon eroberte zu dieser Zeit Europa und schlug 1805 in der Drei-Kaiser-Schlacht bei Austerlitz die verbündeten Österreicher und Russen. Auch Schweizer Soldaten nahmen daran teil. Man wollte das nationale Selbstwertgefühl stärken. Mitinitiator war übrigens ein gewisser Wagner, Richard Wagner. Er schrieb: *"Nach den langen Jahren des Diktats und der Demütigung durch die Franzosen sollte dem Schweizervolk wieder einmal Gelegenheit zu echter Festfreude geboten werden, sollten schweizerische Kampfspiele und Lieder das Selbstgefühl und das Nationalbewusstsein stärken."* Die sogenannten „Patrioten" – Angehörige des Berner Patriziats, Mitglieder angesehener, führender Familien, in Stadt und Kanton Bern – wollten mit dem Unspunnenfest also die vaterländische Gesinnung stärken. Es war ein Ereignis der Obrigkeit, des Adels, ihrer Freunde und Gäste, viele Fremde reisten in Unspunnen (bei Interlaken) an. 600 mussten mangels Betten privat untergebracht werden und kurbelten so quasi den Tourismus an.

Das Unspunnenfest lehnte sich an traditionelle Treffen und Feste der Hirten und Bauern an, es sollte Ober- und Unterschicht versöhnen. Doch nach dem zweiten Fest 1808 mit rund 5.000 Besuchern hatten sich die Gegensätze zwischen Stadt und Land verschärft.

Erst 1905, zum 100-Jahr-Tourismus-Jubiläum wurde die Idee vom Unspunnenfest wiederbelebt. Nun mit gezielter touristischer Absicht. In großen Abständen wurden weitere Feste durchgeführt, das letzte im Jahr 2006. Es ist ein Wettkampf der Schwinger und Steinstösser. Es gilt, einen 83,5 kg schweren Unspunnenstein möglichst weit zu stoßen. Der Originalbrocken von 1808 wurde übrigens gestohlen. Das nächste Feste, übrigens das 10., ist vom 1. bis 3. September 2011 anberaumt.

Nähere Informationen unter http://www.unspunnenfest.ch

V wie Volksmusik

Tradition hat in der Schweiz einen hohen Stellenwert, nicht nur bei Eidgenössischen Festen (das nächste Eidgen. Jodlerfest findet vom 26. bis 29. Juni 2008 in Luzern statt). Chorwesen, Tanz, Hausmusik, Kapellen. Die Bandbreite der Instrumente ist groß vom Alphorn bis Trommeln und Pfeifen (Morgestraich), von der Blasmusik bis zum Örgeli, von Schellen und Glocken beim Engadiner Chalandamarz, Treicheln und Rasseln bei den Appenzeller Sylvesterchläuse. Tanz und Trachten und Gesang – da schlägt des Schweizers Herz hoch.

Unter Volksmusik versteht man hier landläufig instrumentale Musik. Jeder kann in diesem Sinn musizieren mit Gegenständen wie Löffeln (Chlefele), auf einfachen, auch selbst gebastelten oder professionellen Instrumenten. Jede Ländlerkapelle ist anders, meistens sind Klarinette, Violine, Bassgeige, Handharmonika oder Schwyter Örgeli dabei, aber auch Trompete oder Hackbrett mischen mit. Es werden drei Stile unterschieden, der Bündner mit Schwyzerörgeli und Klarinette, der Berner oft ohne Klarinette und der Innerschweizer mit Klavier und Handharmonika.

Jodelgesang ist an und für sich keine reine Schweizerart. Gejodelt wird auf der ganzen Welt. Natürlich haben Naturjodel und Jodellied in der Schweiz eine große Tradition. Das textlose Singen mit Wechsel vom Brust- zum Kopfton hat alle Stürme der Zeit überlebt.

Die Volksmusik ist populärer denn je, vor allem der volkstümliche Schlager hat breite Zustimmung gefunden. Das zeigen nicht nur volle Hallen, sondern auch die TV-Quoten beim "Grand Prix der Volksmusik" oder dem "Musikantenstadl", bei dem Schweizer immer kräftig mitmischen. Marianne Cathomen und Francine Jordi sind wohl die beliebtesten Schweizer Vertreterinnen dieser Gattung. Und man höre und staune: Ein währschafter Männerchor stürmte die Hitparade: Die Jungmannen vom Jodlerklub Wiesenberg (Nidwalden) singen von "Ewigi Liebi". Diese Ballade hatte die Rockgruppe Mash kreiert, aber die Innerschweizer Sänger machten das Lied zum Hit (ohne Instrumentalbegleitung).

Eine Textprobe gefällig?[35]

> *"Nimm mich in Arm und drück mich fescht a dich und lah mi nümmer los. I tanke mich grad a dier uf, will's eifach so guet tuet.*
>
> *Ich ha di gärn und bruche dich, ja ich bin süchtig nach dier, doch garantie chan ich dier keini gäh, dass es für immer so wird sii.*
>
> *Ewigi Liebi, das wünsch ich dir.*
> *Ewigi Liebi, das wünsch ich mir.*
> *Ewigi Liebi nume für üs zwei.*
> *Ewigi Liebi fühl mich bi dier dehei."*

[35] http://www.volksmusiknet.ch

W wie Wandern

Wandern ist des Schweizers Lust – auf ganz verschiedene Art und Weise – und vieler Touristen, muss man anfügen. Das kann mit Stöcken (Nordic Walken) und Bergausrüstung, auf Fellen (Skiwanderungen) oder Skiern (Langlauf) sein, es kann sich um Inlineskates oder Velos handeln. Die Schweiz ist dafür bestens präpariert. Wander- und Velowege sind akribisch angezeigt (mit Entfernungen und voraussichtlicher Marschzeit). Wer die Berge erkunden will, stößt auf den Schweizer Alpen-Club (SAC). Der unterhält sogenannte Hütten, also solide Übernachtungsmöglichkeiten. Meistens in Form eines Massenlagers. Planen ist alles. Wichtig: in der Hochsaison (Sommer und Herbst) unbedingt reservieren.

Man kann sich speziellen Gruppen, Stichwort Alternatives Wandern, anschließen. Man kann auch spezielle Routen wie den "Weg der Schweiz" am Vierwaldstättersee wählen oder der Gotthardbahn nachgehen.

Schiffe könnten sozusagen als Brücke wichtige Rollen spielen. Die Schweiz ist eben nicht nur mit Seen reichlich gesegnet, sondern auch mit einer flotten Flotte von schnittigen Schiffen und nostalgischen Dampfern besonders ab Luzern. Eine Seewanderung, die ist lustig auf dem Vierwaldstätter- wie auf dem Zürichsee, vom Brienzer- in den Thunersee, zwischen dem Murten-, Neuenburger- und Bielersee. Und von Locarno oder Ascona lässt sich der Langensee (Lago Maggiore) erkunden – bis Luino oder Stresa und den Borromäischen Inseln (Isola Bella, Isola Madre, Isola Pescatori).

http://www.sac-cas.ch
http://www.alternatives-wandern.ch
http://www.schiffe-schweiz.ch

X wie Xavier Koller

Nein, mit Fußball hat der Innerschweizer nichts am Hut, der Mann heißt Marcel Koller, Trainer vom VFL Bochum. Es geht um den Filmer Xavier Koller, einen Schwyzer. Er hat wunderbare Dialektfilme gedreht wie "Das gefrorene Herz" (1979), eine bittere Winterposse, oder "Der schwarze Tanner" (1985), ein Drama um einen Bergbauern, der sich der "Geistigen Verteidung" widersetzte. Koller ist einer der raren Schweizer, der zu Hollywood-Ehren kam. Mit dem Flüchtlingsdrama "Reise der Hoffnung" gewann er 1991 einen Oscar und ließ sich in Los Angeles nieder. Seither hat man nur sporadisch von ihm gehört. Was er drehte, kam nicht in unsere Kinos. Es gab eine Ausnahme, und das war die schöne Verfilmung des Kurt-Tucholsky-Romans "Gripsholm" (2000) mit Ulrich Noethen, Heike Makatsch und Jasmin Tabatabai.

Einer, der sich bestens in Hollywood auskennt, und einige Oscars abgesahnt hat, ist der Basler Produzent Arthur Cohn, ein effizienter Selbstdarsteller. Sechsmal hat er das begehrte Goldkerlchen abgeholt, für Spiel- wie auch Dokumentarfilme, zuletzt 2000 für "One Day in September" mit Regisseur Kevin McDonald und 1991 für "American Dream" mit Regisseurin Barbara Kopple (aktuell: "Shut up and Sing").

Ihren amerikanischen Traum wirklich verwirklicht hat Ursula Andress (Jahrgang 1936), Tochter eines Deutschen und einer Schweizerin. Mit einer Rolle als sexy Taucherin im Bond-Streifen "James Bond jagt Dr. No". In grauer Filmvorzeit 1962: Sie war das erste Bond-Girl und zehrt noch heute davon. Hollywood und die Schweiz – das ist nur eine kleine Liebesgeschichte. Der Bündner Marc Forster war als Regisseur an einem Oscar beteiligt, doch die Auszeichnung holte sich Halle Berry 2002 für ihren Part in Forsters "Monster's Ball".

Y wie Young Boys

Das alte Wankdorfstadion, in dem Deutschland 1954 mit der legendären Herberger-Truppe Weltmeister wurde, ist längst abgerissen. Eine neue Arena wurde 2005 eingeweiht. Doch ein tolles Stadion garantiert noch keine Meisterschaft, das musste auch Bayern München in der Saison 2006/07 erfahren. Das Stade de Suisse in Bern ist ein Schmuckstück, hier sollten sie auftrumpfen, doch die Young Boys (YB) haben zu oft alt ausgesehen. Der Fußballclub, 1898 von Gymnasiasten gegründet, ist einer der ältesten der Schweiz. Der Name lehnt sich an den Basler Verein Old Boys an.

Bereits 1903 wurde der erste Meistertitel gefeiert. Gleich dreimal hintereinander schrieb YB sich als Champion ein, 1909, 1910 und 1911. Elfmal waren die BSC Young Boys Schweiz Meister, sechsmal Cupsieger, das letzte Mal 1987. Zehn Jahre krebsen sie nun im Mittelfeld, eine Uefa-Cup-Teilnahme könnte drin liegen.

Im Sommer wird die Fußballstadion dann zur Musikarena. “Mensch” Herbert Grönemeyer wird sich hier als Rocksänger gebärden und auftrumpfen.

Z wie Zürich

Nicht von ungefähr glauben einige Ausländer, dass Zürich die Hauptstadt der Schweiz sei. Wenn Zürich hustet, krankt die Schweiz, behaupten böse Zungen. Mit anderen Worten: Zürich ist zwar nicht der Nabel der Schweizer Welt, aber eine wichtige Drehscheibe der Banken und Börse, ist Wirtschafts- und Medienmetropole, Theater-, Kunst- und Museumsschnittpunkt. Kurzum: Wirtschaftsmotor und Anziehungspunkt.

Bei Städterankings, national wie international, ist Zürich stets Spitze. In diversen Studien werden der Limmatstadt hohe Lebens- und Umweltqualität bescheinigt. Auch die renommierten Spezialisten des Beratungsunternehmens PriceWaterhouseCoopers haben sich mit Zürich in ihrer Untersuchung über 44 "Cities of the Future" befasst. Der größten Schweizer Stadt werden sehr gute Perspektiven für die Zukunft bescheinigt. Ihr wurde der Status einer Global City zuerkannt, sie gilt als Wissens- und Bildungsstadt von europäischem Format. Die Marke Zürich hat internationale Klasse, nicht nur, aber auch wegen der Bahnhofsstrasse. Diese Einkaufsmeile vom Hauptbahnhof und dem Shopping-Konglomerat "Shop-Ville" mit Cafes, Beizen, Restaurants und Wochenmarkt bis zum Zürichsee hat sich verändert. Klar, teure Boutiquen, exklusive Läden, berühmte Adressen wie die vom Cafe Sprüngli am Paradeplatz, den Kaufhäusern Jelmoli oder Globus halten die Marke hoch. Doch es sind neue populäre Anrainer hinzu gekommen, die Schmuckkette Swarowski, der Brillenmogul Fielmann oder Modeshops für junge Leute zum Beispiel.

Zürich mit seinen Dutzenden von Theatern und Museen, seiner malerischen Lage an Limmat, Sihl und See ist ein touristisches Juwel, aber auch ein Bevölkerungsmagnet. Die Menschen zieht's nach Zürich. Es sei ein Sog entstanden, der innerhalb der Schweiz alle Himmelsrichtung umfasse, stellt die Publikation "Bevölkerungsmagnet Zürich" fest, im März 2007 von der Abteilung Statistik der Stadt Zürich erstellt. Die Wohnbevölkerung um Limmat und Sihl ist innerhalb eines Jahres um nahezu 3.253 Personen gestiegen.[36] Großen Anteil daran hatten Ausländer. Ihr Anteil sank zwar statistisch gesehen auf 30 Prozent, doch nur rein rechnerisch, infolge von Einbürgerungen: 5.000 Menschen erhielten 2006 den Schweizerpass In Zürich. Die Quote deutscher Einwanderer ist spürbar gestiegen auf 13,2 Prozent oder 2.555 Personen. Ende 2006 waren rund 22.000 Deutsche registriert. Sie bilden die größte ausländische Bevölkerungsgruppe vor der "italienischen Kolonie". Die Stadt Zürich mit ihren zwölf Stadtkreisen beherbergt rund 370.000 Einwohner.[37]

Auch städtebaulich tut sich einiges, vor allem in Zürich Nord (Oerlikon) und Zürich West (zwischen Escher-Wyss-Platz und Hardtum). Große Bauprojekte stehen an wie der Prime Tower an der Hardbrücke. Das neue Letzigrundstadion dürfte im August in Schuss sein. Das alte Kongresshaus soll abgerissen werden, ein neues ist angeschoben worden. Es könnte, vorsichtig geschätzt, 2010 mit dem Bau begonnen werden. Im März wurde die "kleinste Stadt in der Großstadt" eröffnet: Sihlcity, ein Shoppingkomplex mit Hotel, Wellnesskomplex, Restaurants, einem Multiplex-Kino und einer Kapelle. Was Arbeitsplätze in der Stadt Zürich angeht, wurden 2006 im Industriesektor Arbeitsplätze abgebaut, im Dienstleistungssektor sind neue entstanden, insgesamt wurden in diesem Bereich 300.000 Jobs registriert. Ein Höchstwert seit 2001, meldete die Statistikabteilung der Stadt Zürich.[38]

[36] Stand: Februar 2007
[37] Stand Ende 2006
[38] http://www.zuerich.com

TIPP | ANMELDEN, WOHNEN, ABMELDEN

Wer sich am Ende dieses Buches unsicher fühlt, was zu tun, zu besorgen, zu erledigen ist, wenn man sich in der Stadt Zürich ansiedeln will, wird nicht allein gelassen. Die Stadt bietet Hand und informiert – über Zuzug und Umzug, Ein- und Auszuganzeigen, aber auch über Abfallentsorgung, Kreis- und Quartierbüros, über das Zivilstandesamt, Bestattungs- und Friedhofsamt.

Man kann sich auch schlau machen über verschiedenen Wohnformen (Stiftung Wohnungen für kinderreiche Familien, Wohnen im Alter, Pflegezentren usw.), aber auch über Wohnbauförderung, verbände (Mieter-, Hauseigentümerverband usw.).

Sie erfahren auch vom Bevölkerungsamt, was zu tun ist, wenn die Aufenthalts- oder Niederlassungsbewilligung abläuft. http://www.stadt-zuerich.ch

EPILOG

WESTFÄLISCHES BLUT UND SCHWEIZER PASS: DEN EINEN TREIBT'S, DER ANDERE WIRD GETRIEBEN

Es gibt Lebensschlaufen, die führen aus dem Münsterland über Mallorca in die Schweiz. Es war zu stürmischen Zeiten, als Borussia Mönchengladbach noch erstklassig und meisterhaft war, als Weisweilers Fohlenelf mit Jupp Heynckes und Berti Vogts für Fußballfurore sorgte...

Dazumal begab sich also ein Studiosus von Münster in Westfalen nach Zürich, in die Zwingli Stadt. Der Liebe wegen. Von der Westfälischen Wilhelms-Universität also an die Uni Zürich. Germanistik, Geschichte, Kunstgeschichte standen auf dem Uni-Programm. Doch der Weg führte zur "Weltwoche", als Hans O. Staub das Redaktionszepter schwang, als Erich Gysling, Dieter Bachmann und François Bondy politische und kulturelle Maßstäben setzten. Den Deutschen ("Sauschwoben") brachte man damals nicht viel Sympathie entgegen. Auch den Spätgeborenen nicht.

Einige Jahrzehnte sind seither ins Schweizer Land gegangen. Die Deutschen sind gekommen. Friedlich, aber zahlreich. Hörbar, wahrnehmbar, selbstsicher. Sie stoßen auf "vorsichtige Gegenliebe" schrieb die "FAZ am Sonntag". Die Schweizer misstrauen den Scharen aus dem "Großen Kanton" immer noch und immer wieder. Anlässlich der Fußball-WM 2006 haben Tausende junger Schweizer jedoch das vereinigte Deutschland erkundet und entdeckt – und sich meistens begeistert.

Und wie wird's 2008 bei der Fußball-EM aussehen, die Österreich und die Schweiz organisieren? Was spielt sich in den Stadien von Basel, Bern Zürich oder Wien ab? Eine Herausforderung und Bewährungsprobe. Und wenn die deutschen Kicker kommen und nach der EM-Krone greifen? Ein Sicherheitsfaktor? Und für wen werde ich jubeln? Für welche Elf wird mein Herz schlagen? Als Fußballfan mit Doppelpass, das heißt mit deutscher und Schweizer Bürgerschaft.

Die Einbürgerung – nach über 30 Jahren Schweizsein – verlief völlig problemlos. Keine Gemeindeabstimmung, keine Prüfungen, nur schriftliche Anträge und Gebühren. Eine kleine Episode sei doch erwähnt: Eines Samstagmorgens klingelte ein junger Kantonspolizist und bat, das Badezimmer ansehen zu dürfen. Was suchte er: zwei Zahnbürsten, Frauenspuren? Eine Frau traf er nicht an, die war verreist. Das war's in zehn Minuten. Im Kanton Zürich geht man sachlich zur Sache. Das ganze amtliche Prozedere dauerte freilich ein Jahr. Seither habe ich fleißig abgestimmt und gewählt. Für wen oder was – fragen Sie mich doch mal!

Und wie bei einer Oscar-Verleihung möchte ich mit einem dicken Dankeschön schließen. Merci allen, die mitgemacht und ihre Meinung geäußert haben. Tanja war eine gute Ratgeberin, Hansruedi ein Hornusse, Ulrich ein duldsamer Verleger und Irène eine aufmerksame liebenswerte Lektorin. Ohne sie wäre ich nicht, was ich geworden bin, ohne sie wäre ich auch nicht Schweizer geworden!

Rolf Breiner

PS. Wenn Sie Lust und Laune haben, Kritik zu üben, Anregungen oder Erfahrungen einzubringen, Fragen zu stellen, greifen Sie in die Tasten: rolf.breiner@bluewin.ch

DER AUTOR

Rolf Breiner (Jahrgang 1947) stammt aus Westfalen und lebt seit über 35 Jahren in der Schweiz. Er war als Redakteur bei der „Weltwoche“, bei Luzerner Tageszeitungen und dem Fernsehmagazin TR7 in Zürich tätig. Heute gehört er der Redaktion des Schweizer Monatsmagazins „Immobilien Business“ an und arbeitet als freier Journalist im Bereich Film, Fernsehen und Medien.